D1688963

Rund um den Chiemsee

Monika Göbl

Karten-Legende auf den Umschlagklappen

KOMPASS

Wanderführer

Impressum

© 2011 KOMPASS-Karten, A-6063 Rum/Innsbruck (11.01)

1. Auflage 2011   Verlagsnummer 5437   ISBN 978-3-85026-377-1

Text und Fotos: Monika Göbl
Titelbild: Bergwandern im Chiemgau (Foto: Alexander Rochau © www.fotolia.de)
Bild S. 4/5: Die Krautinsel mit Blick auf Hochfelln und Hochgern

Grafische Herstellung: wt-BuchTeam, Garching a.d.Alz
Wanderkartenausschnitte: © KOMPASS-Karten GmbH

Alle Angaben und Routenbeschreibungen wurden nach bestem Wissen gemäß unserer derzeitigen Informationslage gemacht. Die Wanderungen wurden sehr sorgfältig ausgewählt und beschrieben, Schwierigkeiten werden im Text kurz angegeben. Es können jedoch Änderungen an Wegen und im aktuellen Naturzustand eintreten. Wanderer und alle Kartenbenützer müssen darauf achten, dass aufgrund ständiger Veränderungen die Wegzustände bezüglich Begehbarkeit sich nicht mit den Angaben in der Karte decken müssen. Bei der großen Fülle des bearbeiteten Materials sind daher vereinzelte Fehler und Unstimmigkeiten nicht vermeidbar. Die Verwendung dieses Führers erfolgt ausschließlich auf eigenes Risiko und auf eigene Gefahr, somit eigenverantwortlich. Eine Haftung für etwaige Unfälle oder Schäden jeder Art wird daher nicht übernommen. Für Berichtigungen und Verbesserungsvorschläge ist die Redaktion stets dankbar. Korrekturhinweise bitte an folgende Anschrift:

Walter Theil, Irmengardstr. 9, D-84518 Garching a.d.Alz
Tel.: 0049/(0)8634/689803, Fax: 0049/(0)8634/689804
info@wt-buchteam.de, www.wt-buchteam.de

KOMPASS-Karten GmbH, Kaplanstraße 2, A-6063 Rum/Innsbruck
Tel.: 0043/(0)512/2655610, Fax: 0043/(0)512/2655618
kompass@kompass.at, www.kompass.at

Monika Göbl

Was macht das Gebiet rund um den Chiemsee für Sie so besonders?

Ich wohne und arbeite im Landkreis Altötting und bin seit vielen Jahren eine begeisterte Wanderin und Radfahrerin. Das Gebiet um den Chiemsee durchquert man auf dem Weg in die Chiemgauer Berge – und nach den Bergtouren bieten sich der Chiemsee und die verschiedenen umliegenden Seen für einen Sprung ins kühle Nass an.
Immer wieder fragte ich mich, wie es wohl jenseits der Durchfahrtsrouten aussieht, was es dort so zu entdecken gibt. – Und es gab jede Menge Interessantes. Das sanfte Hügelland, die stillen Moore, der See mit seinen vielfältigen Gesichtern und die diese Landschaft begrenzenden, schroffen Berge. All dies kann man in den beschriebenen Wanderungen erleben und genießen.

Vorwort

Der vorliegende Wanderführer beschäftigt sich mit dem Voralpenland rund um den Chiemsee. Die beschriebenen Wanderrouten führen uns in eine von der letzten Eiszeit gestaltete und geprägte Landschaft, die vielfältige Formen und unterschiedlichste Lebensräume für Fauna und Flora ausgebildet hat.

Bereits kurz nach der Eiszeit lebten hier Menschen. Aus dieser Zeit stammen die ersten vereinzelten Fundstücke. Besser belegt ist die Besiedlung durch den Menschen im Chiemgau durch Funde aus der Jungsteinzeit (ca. 5000 v. Chr.). Ab dieser Zeit wurden die Menschen sesshaft und widmeten sich der Viehzucht und dem Ackerbau. Auf dem Archäologischen Rundweg können Interessierte einige Zeugnisse der letzten 4000 Jahre besichtigen. Offensichtlich erkannten bereits die Römer die erholsame Wirkung der Chiemsee-Region. So vermutet man, dass es in Bernau eine Erholungseinrichtung für römische Militärangehörige gab.

Diese lange Geschichte des Tourismus im Chiemgau schlägt sich nieder in einem sehr umfassenden Angebot für die Besucher. Beherbergungs- und Gastronomiebetriebe, Kultur- und Freizeiteinrichtungen, Museen, der öffentliche Nahverkehr wie auch ein umfassendes Wander- und Radwandernetz gewährleisten die besten Voraussetzungen für einen gelungenen Urlaub.

Monika Göbl

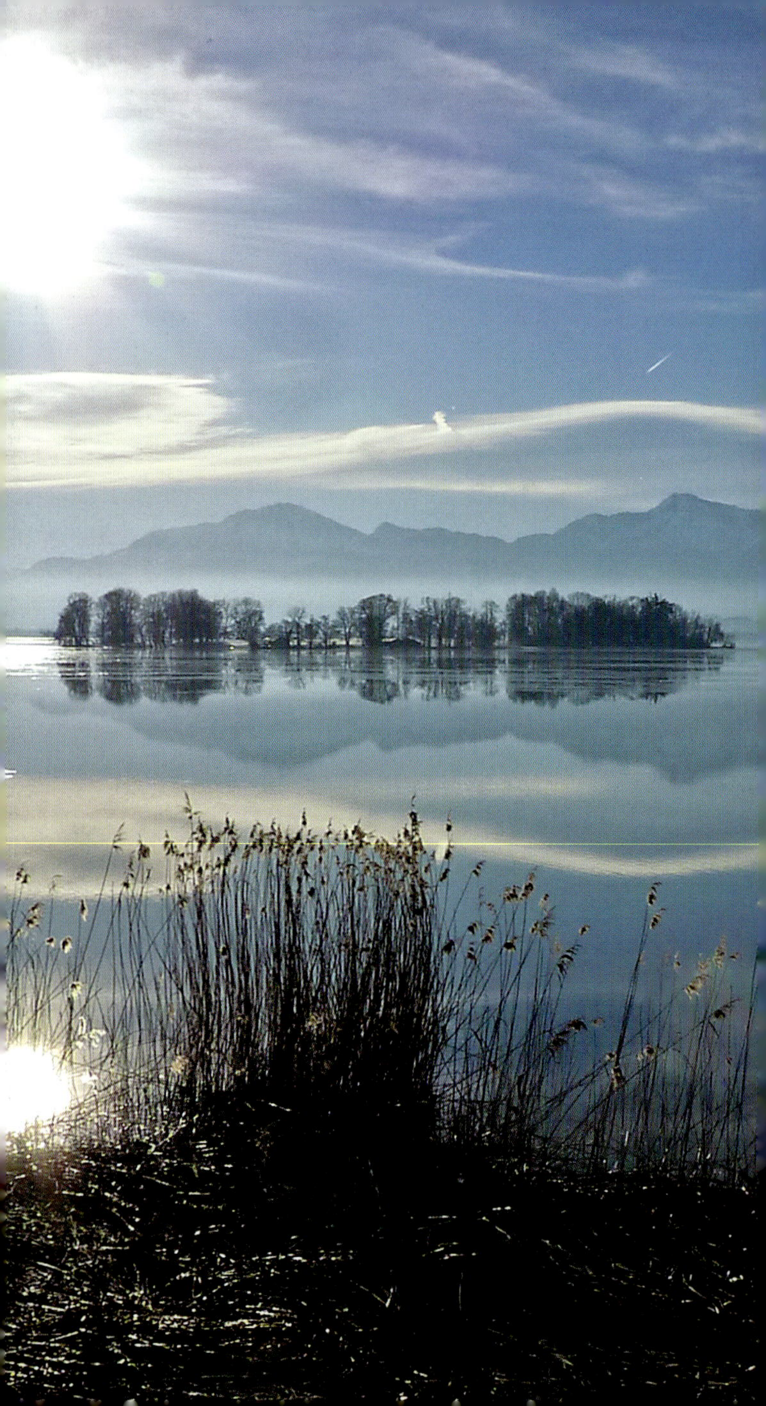

Wandern rund ums bayerische Meer

Rund um den Chiemsee

Inhalt

	Seite	Schwierigkeitsgrad	Gehzeit (in Stunden)
Das Gebiet	8		
Hauptorte	10		
Sehenswürdigkeiten und Ausflugsziele	12		
Unsere schönsten Touren	14		
1 Archäologischer Rundweg I	16	●	4:30
2 Archäologischer Rundweg II	20	●	6:00
3 Seeoner Seenplatte	22	●	1:45
4 Eggstätt-Hemhofer Seenplatte	26	●	3:00
5 Lienzinger Moos	30	●	3:30
6 Herrenchiemsee	34	●	2:10
7 Gstadt – Prien/Stock mit Fraueninsel	38	●	4:45
8 Ratzinger Höhe	40	●	4:00
9 Prien – Wildenwart – Hoherting	46	●	3:30
10 Bernau – Rottau	52	●	3:10
11 Wasser, Salz und Moor	56	●	0:45
12 Rottauer Moos	60	●	1:30
13 Im Kendlmühlfilz	62	●	4:00
14 Moorrundweg Osterbuchberg	66	●	3:30
15 Grabenstätt – Bergener Moos	70	●	3:10
16 Tüttensee	74	●	3:50
17 Lachsgang	78	●	2:30
18 Ising – Chieming	82	●	3:45
19 Ising – Castrum	86	●	3:00
20 Alz-Runde	90	●	4:25
Index	96		

Blick über den Chiemsee in die Chiemgauer Berge, rechts die Kampenwand.

Länge (in Kilometern)	Höhenmeter Aufstieg	Höhenmeter Abstieg	Parkplatz	öffentliche Verkehrsmittel	Aufstiegshilfe	Abstiegshilfe	Einkehr	Übernachtungsmöglichkeit	Gipfel	Schwindelfreiheit erforderlich	Kinderwagentauglich	Kinderfreundlich	Fahrradtauglich	kulturelle Highlights	für Allergiker geeignet	Bademöglichkeit	mit Panoramablick	Rundtour
14	41	41	●	●	–	–	●	●	–	–	–	●	●	●	–	○	●	●
18	62	62	●	●	–	–	●	●	–	–	–	●	●	●	–	○	–	●
5,5	39	39	●	●	–	–	●	●	–	–	–	●	–	●	–	●	–	●
9,5	16	16	●	●	–	–	●	●	–	–	–	●	–	○	–	●	–	●
11,5	37	37	●	●	–	–	●	●	–	–	–	●	–	–	–	●	–	●
7	25	25	●	●	–	–	●	●	–	–	●	●	–	●	–	●	–	●
15,5	0	0	●	●	–	–	●	●	–	–	–	●	●	●	–	○	●	●
13	190	190	●	●	–	–	●	●	–	–	–	●	●	●	○	–	●	●
11,5	190	190	●	●	–	–	●	●	–	–	–	●	●	●	–	–	●	●
9,7	52	52	●	●	–	–	●	●	–	–	●	●	●	●	–	–	●	●
2	129	129	●	●	–	–	●	●	–	–	–	●	–	○	–	–	●	●
5	3	3	●	●	–	–	●	●	–	–	–	●	–	○	–	–	●	●
12,3	74	74	●	●	–	–	●	●	–	–	–	●	–	●	–	–	●	●
11,5	62	62	●	●	–	–	●	●	–	–	–	●	–	–	–	–	●	●
10,3	140	140	●	●	–	–	●	●	–	–	–	●	●	–	–	–	●	●
12	28	28	●	●	–	–	●	●	–	–	●	●	–	●	–	–	–	●
8	5	5	●	●	–	–	●	●	–	–	–	●	–	●	–	–	●	●
12	51	51	●	●	–	–	●	●	–	–	–	●	–	●	–	–	●	●
9,5	58	58	●	●	–	–	●	●	–	–	–	●	●	●	–	–	●	●
14	57	57	●	●	–	–	●	●	–	–	–	–	–	○	–	●	–	●

● Schwierigkeitsgrad ● Ja ○ Bedingt – Nein

Das Gebiet

Der Chiemgau ist geprägt durch die weite Fläche des Chiemsees, eingebettet in eine grüne Hügellandschaft, die stillen Moore und versteckten kleinen Seen, die steil aufragenden Berge im Süden.

Für die Gestaltung der Landschaft um den Chiemsee war die letzte der Eiszeiten, die „Würmeiszeit", verantwortlich. Während dieser Eiszeit schoben sich der Inn-Gletscher, der Chiemsee-Gletscher und dazwischen der Prien-Gletscher ins Alpenvorland. Der weiteste Vorstoß des Inn-Gletschers reichte bis Haag und Kirchseeon, der des Chiemsee-Gletschers bis Seeon. Der Rückgang der Gletscher erfolgte in verschiedenen Stadien. Daher finden wir mehrere Wallmoränen hintereinander. Dies kann man z. B. feststellen, wenn man der Alz nach Norden folgt. Sie durchschneidet dabei bis Altenmarkt drei Moränenwälle.

🛈 KOMPASS INFO

Wie entsteht eine Moräne?
Wall- oder Endmoränen entstehen am Gletscherende. Der Gletscher ist ständig im Fluss von seinem Ursprungsort hin zur Gletscherzunge. Dabei transportiert er Unmengen an Gesteinsgeröll mit sich. Am Gletscherende, wo er abschmilzt, lädt er seine Fracht ab. Wenn die Menge des nachfließenden Eises der Menge des abschmelzenden Eises entspricht, bewegt sich die Gletscherzunge nicht vorwärts und nicht rückwärts und so wird das Gestein immer an der gleichen Stelle abgelagert.

Die Eggstätter-Hemhofer Seenplatte

Die Eggstätter Seenplatte ist eines der ältesten Naturschutzgebiete Deutschlands (seit 1939). Sie und die Landschaft rundherum wurden vor ca. 15 000 Jahren vom Inn- und Chiemseegletscher modelliert. Genau hier stießen die beiden Gletscher zusammen. Beim Abschmelzen des Eises brachen riesige Eisblöcke ab und blieben hier liegen. Daher kommt der Name Toteis.

Das vom weiter abschmelzenden Gletscher abströmende Schmelzwasser lagerte neben und schließlich über dem Eis Material ab – in den meisten Fällen Sand. In der Folge schmilzt das Toteis bei weiterer Erwärmung langsam ab, die obenauf liegenden Schichten geben nach und bilden ein Becken. Im Fall der Eggstätter Seen sickerte Grundwasser ein und fertig war unsere Seenplatte.

Die Mächtigkeit der Eisblöcke lässt sich erahnen, wenn man die Tiefe der Seen betrachtet. Die größeren Seen weisen Tiefen zwischen 21 m und 39 m auf. Zwischen den Seen sind immer wieder steile, lang gezogene Hügel zu überwinden, so genannte Oser. Dabei handelt es sich um Gesteinsschutt, den die Gletscher aus den Alpen mitgebracht haben. Sie haben eine ganz typische lang gezogene Form.

Am Überseer Hafen.

Zusammen mit der Eggstätter-Hemhofer Seenplatte gehören die Seeoner Seen zu einem Biotopverbund. Die Landkreise Traunstein und Rosenheim sind die Träger des Projekts und beabsichtigen so diese einzigartige, von Gletschern geschaffene Landschaft vor der Zerstörung zu schützen. Die Seenlandschaften bieten eine beeindruckende Vielfalt in Bezug auf Geologie und Biologie.

Die Chiemseer Moore

Im Gebiet um den Chiemsee finden wir die so genannten Verlandungsmoore. Sie entstehen aus einem Stillgewässer (Seen, Tümpel, Weiher). Im Laufe der Zeit lagern sich Sedimente mit einem hohen organischen Anteil am Gewässergrund ab. Zusätzlich wächst die Ufervegetation in das Gewässer hinein. Dabei entsteht der so genannte Schwingrasen. Das Wurzelgeflecht hält die Fläche zusammen. Mancher Schwingrasen ist so stabil, dass sogar Bäume darauf wachsen. An seiner Unterseite wird Torf gebildet, der sich wiederum ablagert. Nach und nach wird die Seemulde aufgefüllt.

Niedermoore entwickeln sich bei geeigneten Bedingungen im Laufe von Jahrtausenden zu Hochmooren. Pflanzen sterben ab und zersetzen sich in sauerstoffarmer Umgebung (im Wasser) schließlich zu Torf. So lagert sich Schicht um Schicht ab, das Moor wächst in die Höhe und schließlich haben die Pflanzen keine Verbindung mehr zum Grundwasser. Sie decken ihren Flüssigkeitsbedarf über den Regen.

Hochmoore wirken als natürliche Wasserspeicher und absorbieren große Mengen an klimawirksamem Kohlendioxyd.

Übrigens: Vielerorts findet man die Bezeichnung Moos und Filz für die Namen der Moore. Das Niedermoor wird als Moos, das Hochmoor als Filz bezeichnet.

Hauptorte

Seebruck
liegt am nördlichen Chiemseeufer und entwickelte sich aus einer römischen Siedlung. "Bedaium" hatte eine strategisch günstige Lage an der Römerstraße, die hier die Alz überquert. Die Kirche St. Thomas und St. Stefan steht auf den Mauern eines römischen Kastells.

Tourist-Information Seebruck
Am Anger 1, 83358 Seebruck
Tel. 0700/73327825
Fax +49 (0)8667/7415
www.seeon-seebruck.de

Prien
ist ein Luft- und Kneippkurort am Westufer des Chiemsees unmittelbar gegenüber der Herreninsel. In Prien-Stock ist der Hafen der Chiemseeschifffahrt beheimatet. Der Name Prien leitet sich wohl von der keltischen Bezeichnung für den Flussnamen Prien (Brigenna: "Die aus den Bergen Kommende") ab.

Kur- und Tourismusbüro Prien
Alte Rathausstraße 11
83209 Prien am Chiemsee
Tel. +49 (0)8051/69050
Fax +49 (0)8051/690540
http://tourismus.prien.de

Bernau
Der Luftkurort Bernau an der Südwestecke des Chiemsees war bereits zu Römerzeiten der Erholung gewidmet. Er liegt direkt an der Autobahn München – Salzburg und sehr zentral für Ausflüge auf die Kampenwand, in die Moore oder auch zum Chiemsee.

Tourist-Information Bernau
Aschauer Straße 10
83233 Bernau a. Chiemsee
Tel. +49 (0)8051/98680
www.bernau-am-chiemsee.de

Übersee
Der Luftkurort Übersee liegt am Südufer des Chiemsees sowie an seinem Zufluss, der Tiroler Ache. An ihrem ehemaligen Mündungsgebiet, der Halbinsel "Lachsgang", befindet sich der Hafen Übersee und ein bemerkenswerter Natur-

Der Gasthof zum Alten Wirt in Bernau.

badestrand. Auch Übersee ist über die Autobahn zu erreichen.

Tourist-Information Übersee
Feldwieser Straße 27
83236 Übersee
Tel. +49 (0)8642/2950700
Fax +49 (0)8642/6214
www.uebersee.com

Chieming

liegt am Ostufer des Chiemsees und wie auch Seebruck an der Römerstraße. Bei Ausgrabungen fand man einige Überreste römischer Villen. Der Name Chieming, wie auch der Name des ganzen Gebietes leitet sich vermutlich von einem Gaugrafen namens „Chiemo" ab.

Tourist-Information Chieming
Hauptstraße 20, 83339 Chieming
Tel. +49 (0)8664/988647
Fax +49 (0)8664/988619
www.chieming.de

Bild unten: Seebruck; Bild oben: Blick auf Übersee.

Sehenswürdigkeiten und Ausflugsziele

Die Fraueninsel
Die Fraueninsel hat eine Fläche von ca. 12 ha und war vermutlich bereits in der Steinzeit besiedelt. Der Bayernherzog Tassilo der III. gründete hier 782 ein Nonnenkloster. Zu dieser Zeit lebte hier die selige Irmengard. Sie war eine Tochter König Ludwigs des Deutschen und Urenkelin Karls des Großen. Als Äbtissin hat sie sehr viel Gutes für die Menschen rund um den Chiemsee getan. Im Inselmünster wird sie verehrt.
Sehenswert sind auf alle Fälle die riesigen uralten Linden in der Inselmitte. Früher sollen hier sieben Linden im Kreis gestanden haben. Und an Stelle der heutigen Kriegergedächtniskapelle soll sich eine Martinskirche befunden haben. Die beiden ältesten noch stehenden Linden haben Namen bekommen. Die Tassilolinde ist besonders mächtig mit ihren fünf dicken, wuchtigen Ästen.

⭐ KOMPASS HIGHLIGHT

Chiemsee-Schifffahrt
Ganzjährige Fahrten zur Frauen- und Herreninsel, Rundfahrten auf dem Chiemsee. Zur Flotte gehört auch ein nostalgischer Raddampfer. Sonderfahrten (Tanzen, Disco, Märchen, Silvester). Von Prien zum Hafen führt die weltbekannte Dampflokalbahn von 1887.
Chiemsee Schifffahrt, Seestraße 108
83209 Prien a. Chiemsee
Tel. +49 (0)8051/6090
www.schifffahrt.chiemsee.de

Herrenchiemsee / Herreninsel
ist die größte der drei Inseln und vor allem bekannt durch den pompösen Nachbau des Schlosses von Versailles. Weniger bekannt, aber trotzdem sehenswert ist das „Alte Schloss". Es befindet sich gleich oberhalb der Anlegestelle. Im Jahr 765 n. Chr. wurde es als Benediktinerkloster gegründet und einige hundert Jahre später in ein Stift der Augustiner Chorherren umgewidmet. Nach der Säkularisation erwarb der Großkaufmann Alois von Fleckinger die Gebäude, ließ die Türme und den Chor des Doms abbrechen und richtete eine Brauerei ein. Der Hochaltar kam nach Rimsting und die Orgel nach Tittmoning.

Tüttensee
Wenn es nach dem Chiemgau Impact Research Team (CIRT) geht steht der Begriff „Chiemgau Impact" für eines der spektakulärsten Ereignisse in der Geschichte des Chiemgaus: Er beschreibt das Phänomen und die Erforschung eines Kometeneinschlags im Voralpenland. Dieser soll sich, glaubt man den Mitgliedern des Vereins, die die nicht unumstrittene Meteoriten-These vertreten, im Zeitraum zwischen 2000 bis 800 v. Chr. ereignet haben. Auf dem Meteoriten-Wanderweg, rund um den Tüttensee, wird auf acht zweisprachigen Tafeln die Theorie eines Meteoriteneinschlags erklärt. Mit zahlreichen Illustrationen wird der Prozess, der bei einem Meteoreinschlag abläuft, beschrieben und

⭐ KOMPASS HIGHLIGHT

Camaba Bavaria GmbH
Seit 2008 gibt es in Truchtlaching (Mühlweg 2) eine kleine, aber feine Brauerei. Hier wird die Möglichkeit von Brauereiführungen, Bierverkostungen und sogar Bierseminare geboten. Infos unter
Tel. +49 (0)8667/809466

somit auch die Entstehung des „Tüttensee-Kraters".

Kloster Seeon
(gegr. 994). Die heutige Form entstand im Wesentlichen im Jahr 1180. Der Burghausener Konrad Pürkhel baute die Kirche dann 1428 bis 1433 im Stil der Spätgotik um. Ursprünglich besaß die Kirche nur einen Turm, der zweite kam Ende des 12. Jh. hinzu. Die so genannten welschen Hauben (kupferne Zwiebeltürme) wurden erst nach einem Brand im Jahr 1561 draufgesetzt. Nach der Säkularisation 1803 wurde das Inselkloster in ein Schloss umgewandelt und diente dem europäischen Hochadel und Geschäftsleuten als Unterkunft. Seit 1989 im Besitz des Bezirks Oberbayern, wird es seit 1993 als Kultur- und Bildungszentrum betrieben.

Naturbeobachtungsstationen
Rund um den Chiemsee wurde im Rahmen der Chiemseeagenda ein Netz frei zugänglicher Naturbeobachtungsstationen errichtet. Die Projekte der Chiemseeagenda findet man unter
www.naturerlebnis-chiemsee.de

Am Ganszipfel.

⭐ KOMPASS HIGHLIGHT

Exter-Kunsthaus
Der Maler Julius Exter kaufte Anfang des 20. Jh. das Anwesen und baute es zu seinem Künstlersitz um. Heute ist hier ein kleines Museum sowie wechselnde Ausstellungen untergebracht.
Blumenweg 5, 83235 Übersee
Tel. +49 (0)8642/895083
Fax +49 (0)8642/895085

⭐ KOMPASS HIGHLIGHT

Prienavera-Erlebnisbad
83209 Prien am Chiemsee
Tel. +49 (0)8051/609570
www.prienavera.de

Römische Weihesteine, Pfarrkirche Chieming.

Unsere schönsten Touren

Legende

- 🪧 Kilometerangabe
- ⛰ Höhenmeter (Auf- und Abstieg)
- 🕐 Gehzeit
- 😊 Für Kinder geeignet
- 🏠 Einkehrmöglichkeit
- 🚠 Bergbahn/Gondel
- 💺 Sessellift
- ℹ️ Wichtige Information
- ⭐ KOMPASS Highlight

Kartenlegende auf den Umschlagklappen

Die beschriebenen Wanderungen sind durchwegs als „leicht" zu bewerten und von jedermann/-frau zu bewältigen. Viele sind wegen ihres hohen Erlebniswertes besonders familientauglich und sehr gut für Kinder geeignet.

Die Touren rund um den Chiemsee bringen dem interessierten Besucher Flora und Fauna auf sehr anschauliche und lebendige Art und Weise nahe, so dass gerade auch Kinder ihren Spaß haben werden. Beispielsweise beim Beobachten der Wildvögel am Lachsgang (Tour 17) oder bei der Erkundung des Wasserfalls und des Moors auf der Wanderung „Wasser, Salz und Moor" (Tour 11).
Diese relativ kurze Ausflugstour lässt sich übrigens gut verbinden mit Tour 10, der Runde Bernau–Rottau.
Ein weiteres Highlight ist auch die Kombination der Wanderung von Gstadt nach Prien-Stock (siehe Tour 7) mit einem Rundgang auf der Fraueninsel. Auf der Rückfahrt per Schiff nach Gstadt legt man dann einfach einen Zwischenstopp auf der Fraueninsel ein.

Schwierigkeitsbewertung

Blau
Alle in diesem Führer beschriebenen Touren sind leicht und für jedermann zu machen. In der Regel sind die Wege gut markiert, große Höhenunterschiede sind nicht zu bewältigen.

Die meisten Wanderwege sind sehr gut gepflegt und auch im Winter geräumt. Daher bestehen keine bzw. kaum jahreszeitliche Einschränkungen.

Oft sind es sogar die nicht so strahlend schönen Tage, die die Seen- und Moorlandschaft richtig zur Entfaltung bringen und dann besonders reizvoll erscheinen lassen.

Obwohl man nie sehr weit von diversen Gasthöfen und Wirtschaften entfernt ist, sollte man dennoch immer genügend Flüssigkeit und eine kleine Wegzehrung dabei haben.

Gutes Schuhwerk, zweckgerechte Kleidung und ein kleines Notfallset (Pflaster, Wundsalbe ...) sind empfehlenswert.

1. Archäologischer Rundweg 1
Eine Zeitreise durch 4000 Jahre Geschichte

Ausgangspunkt: Seebruck, 519 m; Parkplätze bei Esbaum, an der Hauptstraße | **Charakter:** Langer, aber flacher Spaziergang in abgelegene, stille Winkel und Dörfer. Festes Schuhwerk auf den teils holprigen Feldwegen ist empfehlenswert | **Einkehr:** In Seebruck und Seeon | **Karte:** KOMPASS Nr. 10, 159

Leicht · 14 km · 41 hm / 41 hm · 4:30 Std.

Am Parkplatz in **Esbaum** gibt es die erste Sehenswürdigkeit. Man hat den Querschnitt der Römerstraße, Via Julia Augusta, die hier verlief, nachgebaut. Ein paar hundert Meter weiter, bereits in **Seebruck,** steht ein kleines Gebäude aus Holz und Glas. Die Tür lässt sich öffnen und gibt den Blick auf das Fundament einer Esse frei. Hier wurden in römischen Zeiten Fleisch und Fisch geräuchert. Wiederum ein paar hundert Meter weiter erreicht man eine Taverne. In diesem Haus ist auch das Römermuseum untergebracht. Interessierte können hier eine Festungsmauer des römischen Kastells „Bedaium" besichtigen. Die Kirche von Seebruck wurde über diesen Mauern errichtet.

An der Ortsdurchgangsstraße wenden wir uns nach links, gehen die Anhöhe hinauf und folgen dem Wegweiser nach Ischl. Bald verlassen wir Seebruck und wandern im Alztal nach Norden. Rechts von uns fließt träge die Alz. Die Wiesen hier werden manchmal noch überschwemmt. Nach Pullach geht es nochmals eine Anhöhe hinauf, bevor wir nach **Ischl** ins Tal der Ischler Achen hinunter gehen. Die Kirche St. Martin im Blick wenden wir uns nach rechts und folgen der Straße auf dem Radweg hinauf, durch das Waldstück hindurch. Geradeaus von uns können wir bei einer Baumgruppe bereits das rekonstruierte **Hügelgrab** aus der Hallstattzeit sehen. Wir gehen weiter hinein in den Wald. Bald erreichen wir den Eglsee. Wir biegen nach links in Richtung **Seeon** ab. Die Teerstraße wird überquert. Gegenüber geht's weiter an der Seeoner Schule vorbei, geradeaus bis Baderpoint. Danach links hinauf nach **Bauschberg**. Bald sehen wir unter uns wieder Ischl. Kurz vor dem Ort biegen wir aber nach rechts in den Weg Leiten ein und wandern nun im Tal der Ischler Achen nach Westen. Am Sägewerk geht's links die Anhöhe nach **Seilerberg** hinauf. An der nächsten Querstraße biegen wir rechts Richtung Heimhilgen ab und dort wiederum rechts. Der Weg führt an einer bronzezeitlichen Fundstätte

Elevation profile

km	Location	Elevation
0	Esbaum	519
1.5	Seebruck	519
3	Hügelgrab bei Ischl	515
7	Hügelgrab Steinrab	536
8	Seeon	535
10	Bauschberg	551
10.5	Seilerberg	528
13	Burgham	533
14	Esbaum	519

4:30 Std.

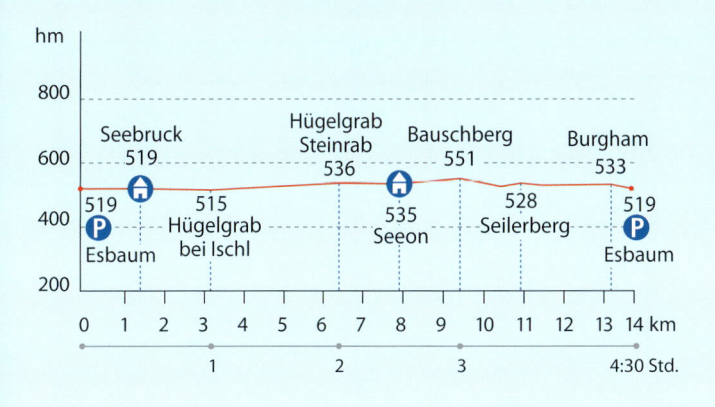

(2000 v. Chr.) vorbei. 150 m westlich des Heimhilger Anwesens fand man Ringhalskragen, Ringbarren und ein Randleistenbeil.

Unser Weg führt uns über die Staatsstraße und in den gegenüberliegenden Wald hinein. Wir folgen den Wegweisern bis zur Informationstafel „Hochäckerkultur", dann weiter nach **Burgham,** wo einst an der Stelle des Moier Hofes eine Villa rustica gestanden haben soll. Von hier hat man einen der schönsten Ausblicke über

🛈 KOMPASS INFO

Antike Gebäudereste, Gräber, Straßentrassen und Flussübergänge liefern eine große Menge an Kleinfundmaterial aus prähistorischer und frühgeschichtlicher Zeit.
An jedem Etappenziel informieren anschaulich und informativ gestaltete Schautafeln über rund 4000 Jahre Geschichte.

Chiemsee und Alpenkette. Unten am See sehen wir bereits unseren Parkplatz liegen.

Hügelgrab bei Steinrab.

Rund um den Chiemsee | 1. Archäologischer Rundweg 1

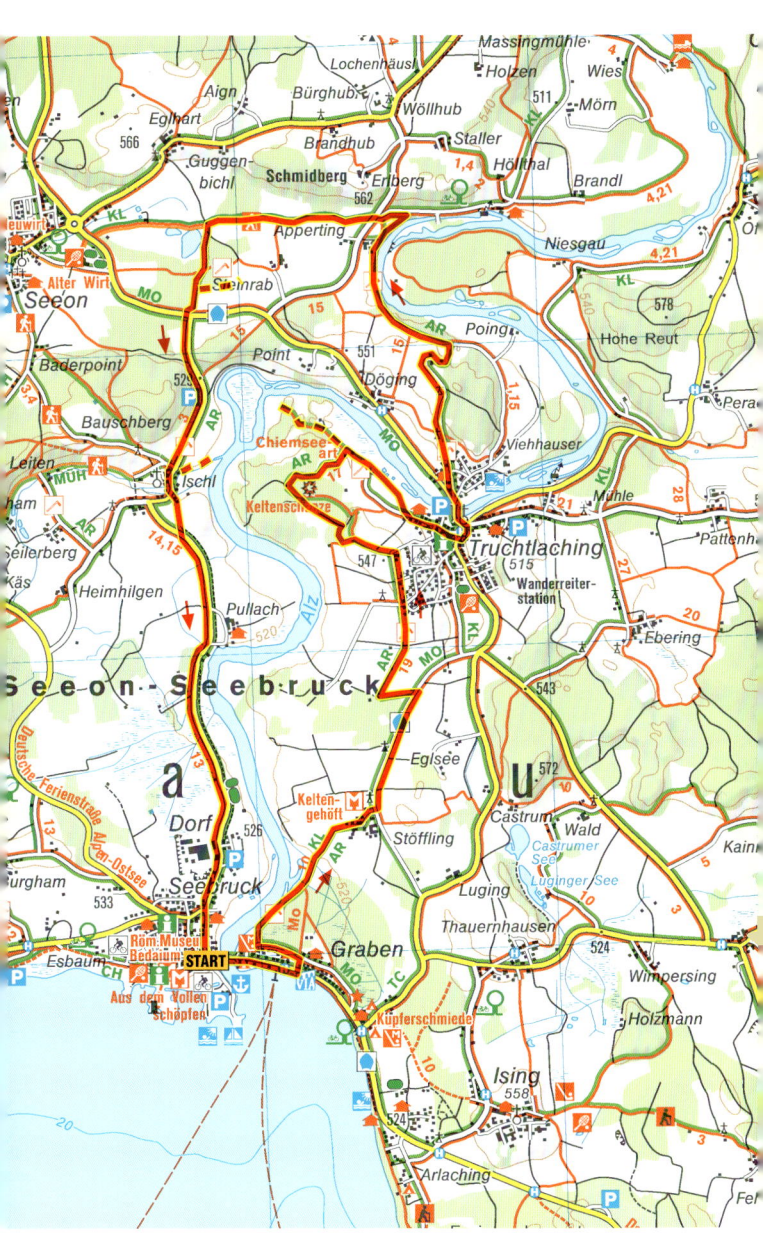

Rund um den Chiemsee | 2. Archäologischer Rundweg 2

19

2. Archäologischer Rundweg 2
Geschichte erleben

Ausgangspunkt: Seebruck, 519 m, Chiemsee-Nordufer; gebührenpflichtiger Parkplatz (Haushoferstraße) | **Charakter:** Lange Wanderung in abgelegene, stille Winkel und Dörfer, feste Schuhe auf den teils holprigen Feldwegen empfehlenswert | **Einkehr:** In Seebruck und Truchtlaching | **Karte:** KOMPASS Nr. 10, 159

Leicht | 18 km | 62 hm / 62 hm | 6:00 Std.

Vom Parkplatz in Richtung See fällt uns ein Informationskiosk auf. Hier befindet sich der Friedhof des römischen Bedaium. Von der Straße weg gehen wir über den Parkplatz zur Haushoferstraße. Auf ihr wandern wir nach links Richtung Alz, bis uns ein Schild des Archäologischen Rundwegs nach rechts Richtung Stöffling führt. Immer wieder bieten sich schöne Ausblicke auf die noch junge, behäbig dahinfließende Alz.

Bei **Stöffling** finden wir ein rekonstruiertes, keltisches Gehöft aus der La-Tène-Zeit. Weiter geht's entlang des Rundwegs Richtung Truchtlaching, das sich vor uns malerisch in die Landschaft schmiegt. Gleich nach dem Wäldchen nehmen wir einen Feldweg nach links und zweigen dann gleich wieder nach rechts ab. Entlang des Ortsrands von Truchtlaching geht's eine Anhöhe hinauf. Oben angekommen, folgen wir abermals den roten Wegweisern und wandern nun auf einer Landzunge, die die mäandernde Alz gebildet hat. Die **Keltenschanze** liegt inmitten des Waldes und erscheint als ein von Wällen umgebenes Rechteck. Als Eingang wurde ein massives Holztor errichtet. (In der jüngeren Vergangenheit kam man zur der Auffassung, dass es sich bei den Keltenschanzen um zentrale Versammlungsorte und Gerichtsorte mit einer kultischen Bedeutung handelt.)

Auf dem Weiterweg wird die Keltenschanze umrundet. Wir verlassen nun den Wald und treffen auf den so genannten Maiblock. Nun geht's wieder bergab zur Alz. An der Wegkreuzung kann man – mit einem Abstecher von wenigen Minuten – eine Fluchtburg aus dem Frühmittelalter besichtigen. An einem Erdhügel sind Palisaden errichtet, hinter denen man Schutz

> **ℹ KOMPASS INFO**
>
> Im **Keltengehöft Stöffling** wird seit ein paar Jahren jeweils am 3. Oktober das Bedaius-Familienfest gefeiert. Thema ist die faszinierende Welt der Kelten, ihre Lebensregeln, der Glaube und die Traditionen des alten Volkes.

Elevation profile

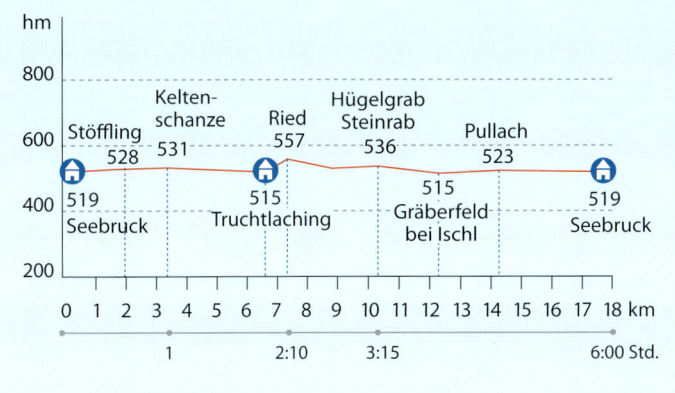

Point	Elevation (m)
Seebruck	519
Stöffling	528
Keltenschanze	531
Truchtlaching	515
Ried	557
Hügelgrab Steinrab	536
Gräberfeld bei Ischl	515
Pullach	523
Seebruck	519

Distances: 0–18 km
Times: 1:00, 2:10, 3:15, 6:00 Std.

Tourenkarte S. 19

fand und den Angreifer abwehren konnte. In **Truchtlaching** überqueren wir die Alzbrücke und biegen gleich danach rechts ab. Wieder dem roten Wegweiser folgend verlassen wir den Ort und erklimmen die Anhöhe nach **Ried,** um kurz nach dem Gehöft wieder zur Alz hinunter zu wandern. So schneiden wir eine Schleife der Alz ab. Unser Weg führt unterhalb von Apperting vorbei, dann wieder aufwärts zu einer Kreuzung. Wir nehmen den Feldweg Richtung Seeon. An einem Wäldchen führt der Archäologische Rundweg wieder nach links. Für kurze Zeit durchqueren wir einen schattigen Wald. An seinem Ende taucht links von uns das keltische **Hügelgrab von Steinrab** auf. Es gehört zu einer Gruppe von zehn Gräbern aus der Hallstattzeit.

Hier kann man an den ersten Teil des Archäologischen Rundwegs anschließen oder zurück nach Seebruck wandern. Für den Rückweg überqueren wir die Hauptstraße und gehen weiter Richtung Ischl. Vor Ischl weist uns ein Infoschild auf ein altbajuwarisches **Gräberfeld** hin. Unter einer schützenden Plexiglasplatte wurde das Grab eines bajuwarischen Kriegers nachgebaut. In Ischl biegt nach der Rechtskurve links ein Fußweg in Richtung Seebruck ab. An **Pullach** vorbei und immer wieder mit hinreißenden Ausblicken auf die Alzauen und die Alpen erreichen wir **Seebruck**.

Keltengehöft bei Stöffling.

3. Seeoner Seenplatte
„Eiszeitseen"

Ausgangspunkt: Seeon, 535 m; Parkplatz am Infopavillon
Charakter: Leichte und abwechslungsreiche Wanderung mit Ausblicken auf die Seen und vom Weinberg übers Kloster Seeon bis zur Alpenkette | **Einkehr:** Waltenbergstüberl in Seeon
Karte: KOMPASS Nr. 10, 159

Leicht   5,5 km   39 hm / 39 hm   1:45 Std.

Von unserem **Parkplatz** aus wenden wir uns nach links, gehen die Weinbergstraße weiter, folgen ihr um die Rechtsbiegung und zweigen dann in den Rosenbichlweg ab. An seinem Ende mündet er in einen Feldweg, der uns auf die erste und kurz darauf auf eine weitere Terrassenstufe bringt. Nun befinden wir uns auf dem Rabendener Schotterfeld. An der ersten Weggabelung halten wir uns links Richtung Engering. Unser Weg macht einen Linksknick zur Baumreihe hin, an der wir nach **Engering** hinauf gehen.

Wir gehen am Hof vorbei und erreichen eine Teerstraße. Vor uns steht ein weiterer Wegweiser, der uns zum Abzweigen nach links in Richtung Griessee veranlasst. An den Häusern vor uns stehen wieder die grünen Wanderwegweiser, denen wir jetzt in Richtung Großbergham folgen. Wir gehen an einer Geländekante entlang. Unter uns erstreckt sich das Naturschutzgebiet der Seeoner Seenplatte, eine so genannte **Eiszerfalllandschaft**. Dem nächsten Wegweiser folgend steigen wir hinunter in Richtung Großbergham/Weinbergrunde. Wir wandern links am Waldrand entlang und erreichen bald den **Griessee** und lassen ihn links liegen. Die Zufahrtsstraße führt hinaus bis zum Parkplatz des Seebads. Dort wenden wir uns nach links – Griessee/Brunnsee. Beim Erreichen einer baumfreien Fläche sehen wir vor uns den nächsten bewaldeten Hügel. An seinem rechten Fuß führt unser Weg weiter. Die nächsten paar hundert Meter wandern wir zwischen Wald und Schliff. Rechts von uns der Brunnsee. Der Weg macht bald einen Linksbogen und wir kommen an eine Weggabelung, nehmen den Pfad leicht rechts und erreichen über eine kleine Brücke den Wald.

Es geht etwas aufwärts, an der nächsten Abzweigung entscheiden wir uns für den Weg nach Seeon/Weinbergrunde. Nun wieder hinunter und über einen Steg, der ein etwas sumpfiges Gelände

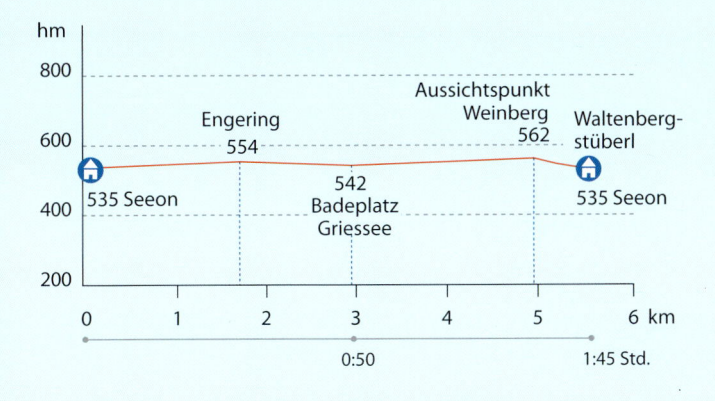

```
hm
800
                                Aussichtspunkt
              Engering           Weinberg         Waltenberg-
600             554                 562            stüberl
     🏠                                              🏠
     535 Seeon         542                         535 Seeon
400                 Badeplatz
                     Griessee

200

  0      1      2      3      4      5      6 km
                     0:50              1:45 Std.
```

überbrückt. Bald erhebt sich links von uns der Moränenrücken des Weinbergs. An der Teerstraße, die wir nun erreichen, können wir uns entscheiden. Einerseits für den Weg am Klostersee entlang, an Bräuhausen vorbei zurück zum Parkplatz oder für den Aufstieg zum Aussichtspunkt am Weinberg.

Dafür gehen wir den breiten Weg hinauf bis zur Abzweigung Waltenberg/Seeon, Weinbergaussicht. Zum Aussichtsplatz zweigt rechts ein schmaler Pfad ab. Vom **Aussichtspunkt Weinberg** führt links am Berghang entlang der Pfad weiter, bis er wieder auf den Waldweg trifft. Nun sind es nur noch ein paar Minuten bis Waltenberg. Erst noch am Waldrand entlang mit Aussicht nach Egering, dann erreichen wir die ersten Häuser und bald darauf das **Waltenbergstüberl** in **Seeon**, wo wir unsere Wanderung ausklingen lassen.

Der Griessee: Auch an winterlichen Tagen ein herrliches Wanderziel.

Rund um den Chiemsee | 3. Seeoner Seenplatte

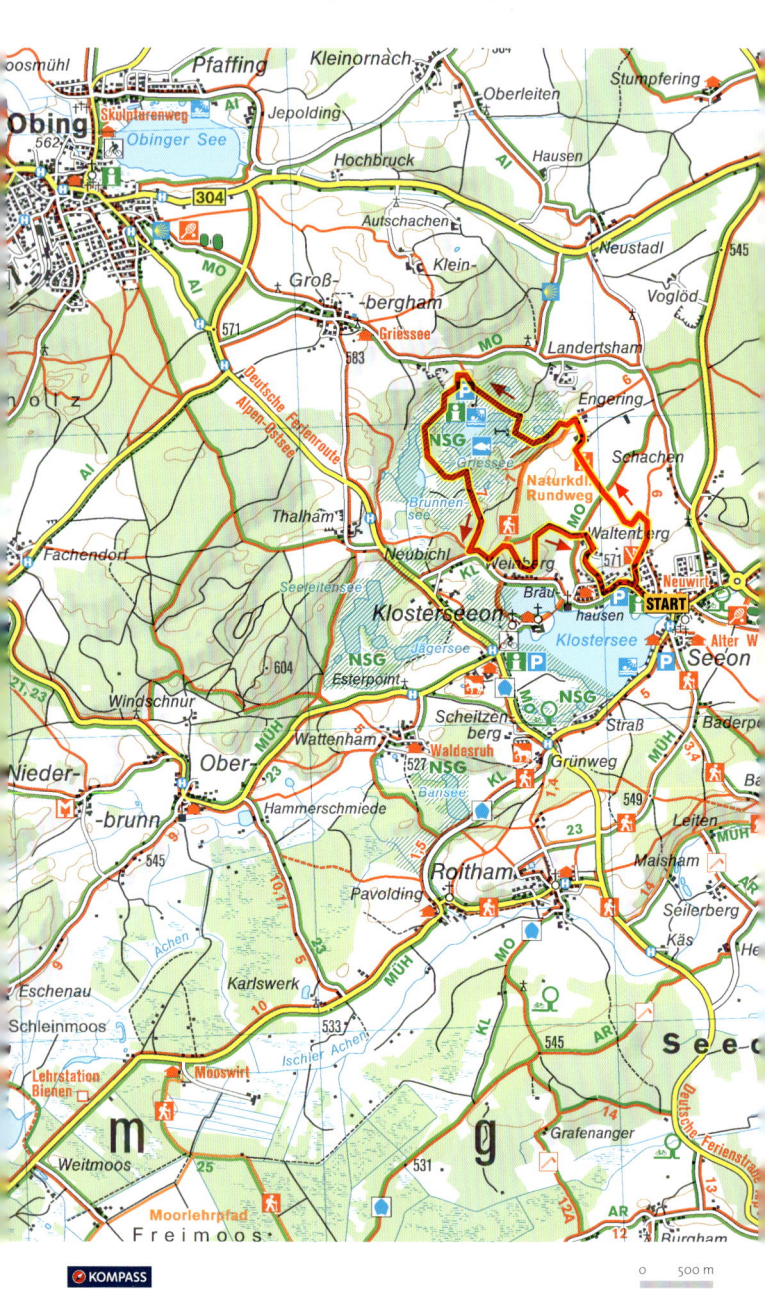

25

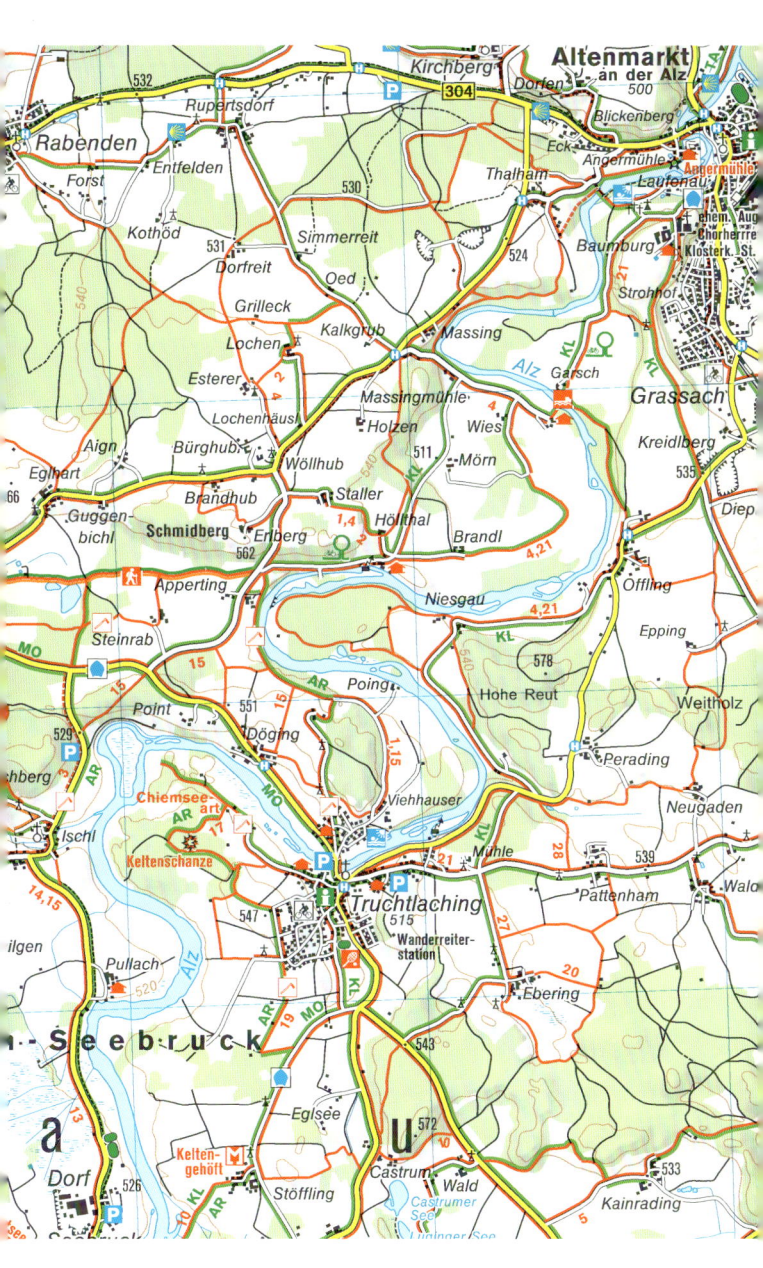

4. Eggstätt-Hemhofer Seenplatte
Zurück in die Eiszeit

Ausgangspunkt: Eggstätt, 539 m; Parken am Hartseebad oder am Rathaus | **Charakter:** Einfache Wanderung auf ebenen Wegen, teilweise muss man auf Teerstraßen ausweichen **Einkehr:** Hartseestüberl (Biergarten), Gasthof „Zum Sägwirt" (nur sonntags); Eggstätt: Gasthof „Unterwirt", Fischzucht Jäkle (Biergarten, Mai–September) | **Karte:** KOMPASS Nr. 10, 159

Leicht · 9,5 km · 16 hm / 16 hm · 3 Std.

Unser Ausgangspunkt für diese Wanderung ist der gebührenpflichtige Parkplatz am Hartseebad am nördlichen Ende von **Eggstätt**. Wir wenden uns nach Westen in Richtung Seebad. Am See angekommen biegen wir nach links in den Hartseerundweg ein und wandern am östlichen Ufer nach Süden.

Bald treffen wir auf die Römerstraße. Sie durchquert das Seengebiet von Ost nach West. Wir folgen ihr nach rechts. Kurz danach nehmen wir die Abzweigung nach „Hartmannsberg". An den folgenden zwei Weggabelungen halten wir uns jeweils links und erreichen den Kesselsee. Mehrere Bänke laden zum kurzen Verweilen ein.

Weiter geht's dann bis zum Parkplatz bei Schlicht. Nach einer kleinen Strecke entlang der stark befahrenen Hauptstraße – vorbei am **Schloss Hartmannsberg** – können wir in Richtung Hemhof rechts abbiegen. Kurz vor Hemhof fällt links der Wall eines Osers (Bestandteil der Grundmoränenlandschaft, siehe auch Seite 8) auf. Der Ort selber liegt auf einer Schotterfläche, auf der wir jetzt weiterwandern. Am Ortsanfang von **Hemhof** zweigt in einer scharfen Linkskurve der Mitterweg nach rechts ab. Wir bewegen uns zwischen dem Schlosssee und einer bewaldeten Anhöhe. Sie ist bereits eine Randmoräne des Inngletschers.

Links vor uns sehen wir, bereits etwas erhöht stehend, **Stephanskirchen**. Von dort bietet sich ein wunderbarer Überblick über das Seengebiet mit Schloss Hartmannsberg.

❶ KOMPASS INFO

Schloss Hartmannsberg
Im 12. Jh. von den Falkensteiner Grafen gegründet, diente um 1900 einigen Malern als Heimat und wird heute vom Landkreis Rosenheim als Galerie genutzt.

```
hm
800
                Schloss        Stephanskirchen
              Hartmannsberg          551
600                   550
       🏠                     🏠                              🏠
                      555
     539 Eggstätt    Hemhof                        539 Eggstätt
400
200
    0    1    2    3    4    5    6    7    8    9   10 km
                             1:45               3 Std.
```

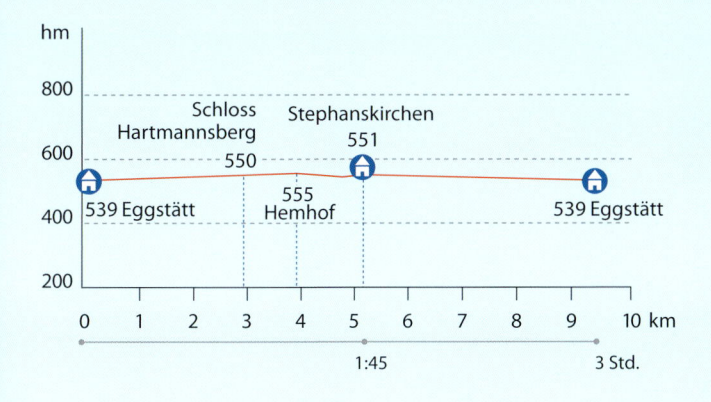

Am vor uns liegenden Waldrand erreichen wir wieder eine Querstraße, in die wir nach rechts einbiegen. An der nächsten Weggabelung halten wir uns rechts und bei der darauf folgenden gehen wir nach links. Dieser Weg führt uns zwischen Kautsee und Einbessee hindurch. Bald stoßen wir auf den Hartsee-Rundweg. Wir wenden uns nach links und wandern nun an der Westseite des Hartsees entlang.

Am Nordende des Sees biegen wir auf den Radweg nach rechts ein und erreichen nach kurzer Strecke rechts wieder einen Wanderweg, der uns zum Seebad zurückbringt.

Der Eggstätter See.

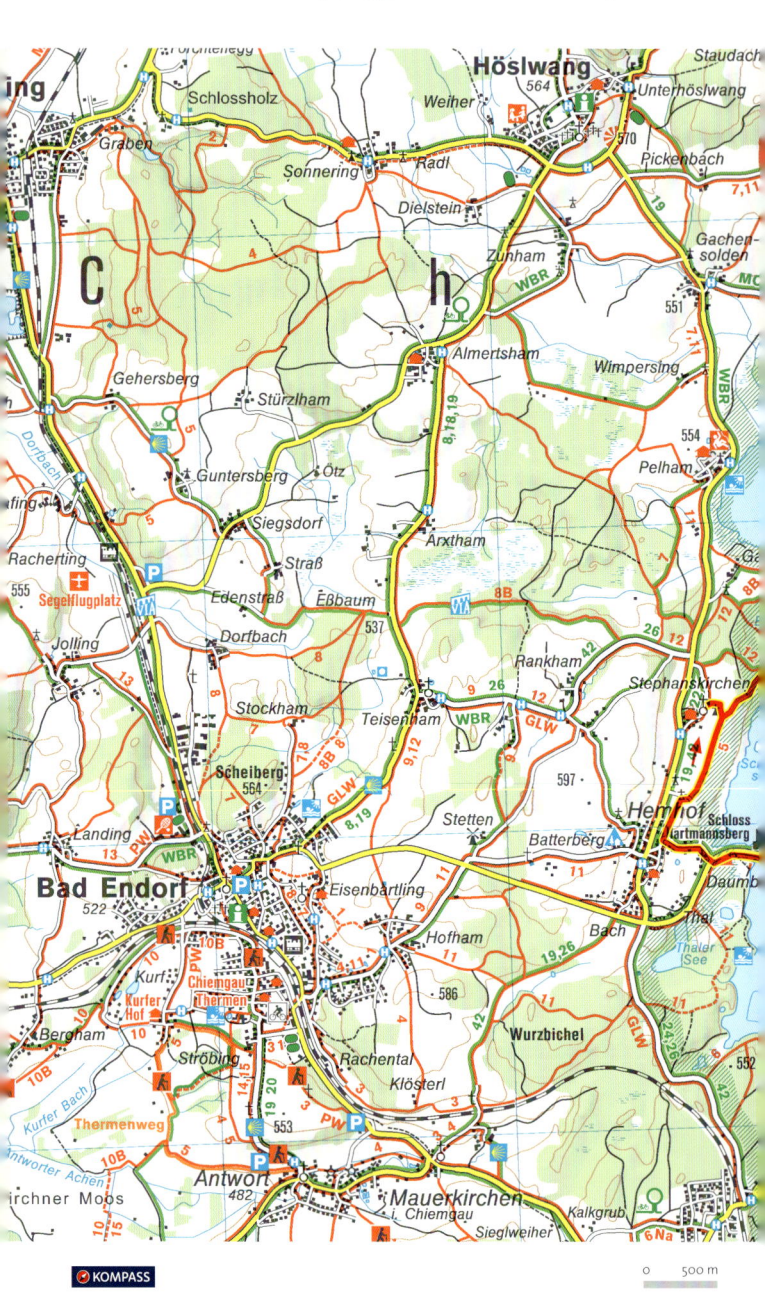

Rund um den Chiemsee | 4. Eggstätt-Hemhofer Seenplatte

29

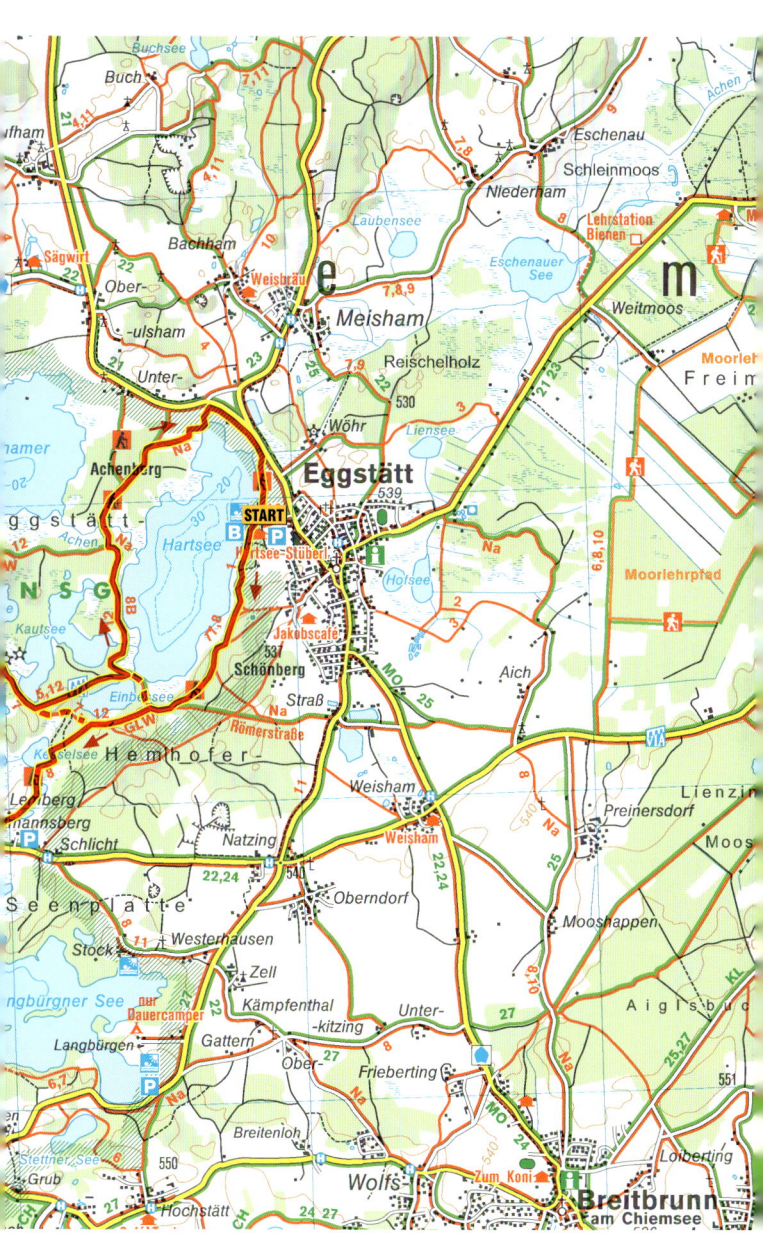

5. Lienzinger Moos
Vom dunklen Moos zum heiteren See

Ausgangspunkt: Gollenshausen, 521 m; Parkplatz Badeplatz
Charakter: Leichte Wanderung auf guten Wegen, teils Teerstraßen, teils im Wald, teils im offenen Gelände mit schönen Ausblicken über den Chiemsee und seine Inseln | **Einkehr:** Breitbrunn: Ghs. zur Post, Koniwirt, Ghs. am See; Gstadt: Rest.-Café „Inselblick", Kaffeehaferl; Schalchen: Ghf. Schalchenhof; Gollenshausen: Seewirt | **Karte:** KOMPASS Nr. 10, 159

Leicht | 11,5 km | 37 hm / 37 hm | 3:30 Std.

Von unserem Parkplatz gehen wir das kurze Stück auf die Hauptstraße und wenden uns nach rechts. Vor uns sehen wir schon den Wegweiser nach Lienzing, dem wir nach rechts folgen. In **Lienzing** gehen wir direkt auf ein großes schön bemaltes Bauernhaus zu und biegen nach links ab. Am Ortsende folgen wir den Wegweisern zum Lienzinger Moos.

Die Straße schlängelt sich an einem Hof vorbei, wird zum Feldweg und führt nun geradeaus ins Moorgebiet. Bald erreichen wir ein Hinweisschild nach Breitbrunn, und wir biegen nach links ab. Wir betreten den Wald und biegen beim Wegweiser **Grundloser See** nach rechts über eine kleine Brücke rechts ab. Nach ein paar Schritten liegt das dunkle Seeauge vor uns.

Weiter wandern wir auf einem schnurgeraden Weg durchs Moos. Bei einem Reiterhof nehmen wir die Teerstraße (Mooshappener Straße) Richtung **Breitbrunn** (Wegweiser). Dort treffen wir auf die Eggstätter Straße und gehen in Richtung Kirche, überqueren die lebhafte Durchgangsstraße und betreten bei der Bushaltestelle den Fußweg zum Chiemsee. Ihm folgen wir zwischen den Wohnhäusern hindurch bis nach Mühln.

Vor dem Ortsteil biegen wir links ab und wandern die Anhöhe hinauf. Bald können wir auf den Plötzinger Höhenweg links einbiegen. An der nächsten Querstraße biegen wir rechts nach **Weingarten** ab. Dort nehmen wir den Weg nach Gstadt. Bis dorthin begleitet uns die Aussicht über den Chiemsee mit seinen Inseln.

Vom Aussichtspunkt über **Gstadt** wandern wir hinunter zum See und folgen dem Chiemsee-Uferweg zurück nach **Gollenshausen**. Am **Seewirt** finden wir einen Weg hinauf in den Ort und zu unserem Fahrzeug.

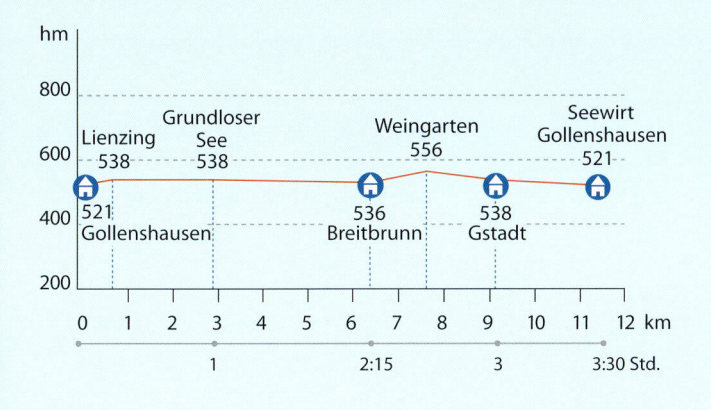

hm						
800						
600	Lienzing 538	Grundloser See 538		Weingarten 556		Seewirt Gollenshausen 521
400	521 Gollenshausen			536 Breitbrunn	538 Gstadt	
200						
	0 1 2 3 4 5 6 7 8 9 10 11 12 km
	1		2:15		3	3:30 Std.

Winterwanderung bei Weingarten.

31

Rund um den Chiemsee | 5. Lienzinger Moos

33

6. Herrenchiemsee

Auf der Herreninsel, der größten Chiemsee-Insel

Ausgangspunkt: Prien/Stock, 519 m; Parkplatz der Chiemseeschifffahrt | **Charakter:** Leichter Spaziergang auf sehr guten Sandstraßen, immer wieder Ausblicke über den See; im Süden Steilküste. Leider hört man den Lärm der Autobahn | **Einkehr:** Schlosscafé | **Karte:** KOMPASS Nr. 10, 159

Leicht · 7 km · 25 hm / 25 hm · 2:10 Std.

Wir beginnen unseren Spaziergang auf der Herreninsel am Hauptsteg der **Anlegestelle**, wenden uns nach links und haben gleich einen sehr schönen Blick auf die Fraueninsel, eingerahmt von Laubbäumen. Rechts über uns steht das alte Schloss mit seinen Gartenanlagen. Bald kommen wir in den Waldbereich der Insel; eine breite, sehr gute Sandstraße.

Nach kurzer Zeit passieren wir die Allee der historischen Schlossauffahrt. Bäume überdachen unseren Wanderweg, wir gehen wie in einem Tunnel. Sein Ende kündigt sich an durch die spiegelnde, glitzernde Seeoberfläche vor uns. Wir erreichen „**Pauls Ruh**" und damit einen Logenplatz für einen Blick auf die Chiemgauer Berge.

Der Rundweg biegt hier nach Westen ab und führt jetzt stetig bergauf. Schließlich wandern wir an einer Steilküste entlang. Am Ostende der Insel angekommen betreten wir „**Ottos Ruh**". Der Platz befindet sich hoch über dem Seespiegel und bietet ebenfalls einen schönen Ausblick auf die Südwestseite des Sees.

Anschließend folgen wir dem Weg ins Innere der Insel. Es geht etwas bergab und bald fällt uns zu unserer Rechten ein Wall auf. Auf einem Pfosten wird er als keltische **Ringwallanlage** bezeichnet. Ein kurzes Stück noch durch den Wald und dann bemerken wir eine Allee. Wir haben jetzt die Anlagen des Schlossparks erreicht. Es besteht die Möglichkeit, entlang des gro-

ⓘ KOMPASS INFO

Das Königsschloss ist bewohnt
Im Dachstuhl des „neuen" Schlosses haben sich 15 verschiedene Arten von Fledermäusen angesiedelt. Informationen dazu liefert eine interessante Ausstellung. Die Fledermäuse können sogar beobachtet werden, da die installierten Kameras Bilder der Tiere liefern.

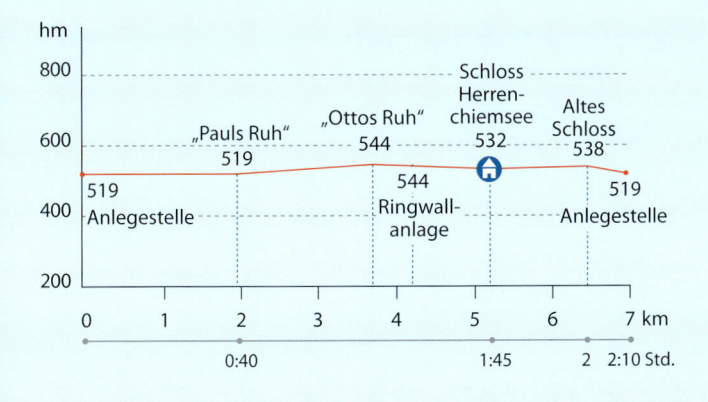

ßen Kanals in Richtung See zu schlendern oder zum **Schloss Herrenchiemsee** und dort im Café einzukehren. Setzen wir unseren Weg fort, wandern wir durch landwirtschaftlich genutztes Gelände auf das **Alte Schloss** zu und schließen damit unsere Runde ab.

„Ottos Ruh", ein Rastplatz, der einen sehr schönen Ausblick bietet.

Rund um den Chiemsee | 6. Herrenchiemsee

Rund um den Chiemsee | 7. Gstadt – Prien/Stock – Fraueninsel

Rund um den Chiemsee | 7. Gstadt – Prien/Stock – Fraueninsel

7. Gstadt – Prien/Stock – Fraueninsel

Wanderung mit Schifffahrt und Inselbesuch

Ausgangspunkt: Gstadt am Chiemsee, 520 m; gebührenpflichtige Parkplätze vorhanden | **Charakter:** Leichter Spaziergang auf Kieswegen | **Einkehr:** Zahlreiche Gasthöfe, Cafés und Wirtschaften | **Karte:** KOMPASS Nr. 10, 159

Leicht   15,5 km   0 hm / 0 hm   4:45 Std.

Der Besuch der Fraueninsel lässt sich gut mit einer ausgedehnten Wanderung entlang des Chiemseeufers verbinden.

Wir beginnen unsere Tour in **Gstadt**, wenden uns am See nach rechts und bleiben immer am Uferweg. Zeitweise ist er für Radfahrer gesperrt. Wir kommen zum Aussichtsturm „**Ganszipfel**", gehen auf die **Halbinsel Urfahrn** hinaus, wo sich schon König Ludwig II. zur Herreninsel übersetzen hat lassen. Vorbei an **Kailbach** und **Hochstätt** erreichen wir die **Schafwaschener Bucht**. Hier bietet sich eine zünftige Mittagspause an.

Gstadt mit Fraueninsel.

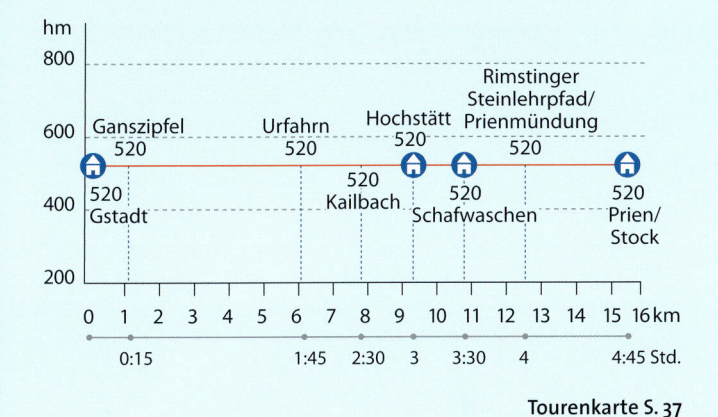

hm																
800																
600	Ganszipfel 520		Urfahrn 520			Hochstätt 520		Rimstinger Steinlehrpfad/ Prienmündung 520							
400	520 Gstadt					520 Kailbach		520 Schafwaschen						520 Prien/ Stock	
200																
	0	1	2	3	4	5	6	7	8	9	10	11	12	13	14	15 16 km
		0:15					1:45		2:30	3		3:30		4		4:45 Std.

Tourenkarte S. 37

🛈 KOMPASS INFO

Ausflug auf die Fraueninsel
Auf der Rückfahrt nach Gstadt legen wir am Hauptsteg der Fraueninsel an. Vor uns links sehen wir das Gebäude des Klosterwirts und rechts den Klostergarten. Zu Beginn bietet sich eine Umrundung der Insel an. Dabei kommt man an lauschigen Plätzen am Wasser vorbei, zahlreiche Bänke laden zum Verweilen ein. Wir treffen auf Fischräuchereien, Gaststätten und einen Töpferladen. – Geht man ins Inselinnere stößt man auf das Inselmünster mit dem Friedhof, auf die Torhalle und den Lindenhain. Die Fraueninsel ist nicht für weite Wanderungen bekannt, eher dafür, dass man etwas zur Ruhe kommen und einen genussvollen Tag in traumhafter Umgebung verbringen kann. Nach Gstadt zurück sind es noch 10 Minuten.

Auf dem Weiterweg passieren wir bei der **Prienmündung** den **Rimstinger Steinlehrpfad**. Am Hafen in **Prien/Stock** angekommen, nehmen wir das Schiff zurück nach Gstadt, wobei sich die **Fraueninsel** für eine nachmittägliche Kaffeepause anbietet.

Schafwaschener Bucht.

8. Ratzinger Höhe
Ein Genuss für alle Sinne

Ausgangspunkt: Rimsting, 564 m; Parkmöglichkeiten an der Kirche | **Charakter:** Eine etwas anstrengendere Wanderung, meist auf sehr guten Straßen und Wegen, teilweise auch auf Wiesenpfaden. Die Aussicht über Berg, Tal und See lässt keine Wünsche offen | **Einkehr:** Beim Has'n in Rimsting, Berggasthof Weingarten | **Karte:** KOMPASS Nr. 10, 159

Leicht   13 km   190 hm / 151 hm   4 Std.

Wir beginnen unsere Wanderung an der Touristeninformation am Rathaus in **Rimsting** und wenden uns nach rechts. In die Straße nach Greimharting biegen wir rechts ein und nehmen dann gleich links die Burgersdorfer Straße. Wanderwegweiser nach Pinswang. Wir gehen in Richtung Otterkring.

Am Ortsende von Rimsting erhebt sich rechts bereits der Moränenrücken der **Ratzinger Höhe** und der Turm der Filialkirche Greimharting kommt ins Blickfeld. Am Ortsausgang **Burgersdorf** biegen wir in eine Abzweigung nach rechts ein, halten uns dann aber geradeaus und gehen auf dem leicht abschüssigen Feldweg weiter. Bei der nächsten Weggabelung halten wir uns links in Richtung Waldrand. Nach dem Betreten des Waldes führt der Weg nahe der Kante zum **Urpriental** entlang. Es geht immer leicht abwärts bis zu einer Teerstraße, die überquert wird.

Gegenüber führt unser Weg weiter. An der folgenden Weggabelung wählen wir den rechten, abwärts führenden Weg. Kurz vor einer weiteren Teerstraße verlassen wir den Wald und sehen Hörzing vor uns. Wir folgen der Straße nach links und biegen noch vor Hörzing nach rechts in Richtung

ⓘ KOMPASS INFO

In Dirnsberg steht ein so genannter „Itakerhof". Hierbei handelt es sich um Einfirsthöfe, in denen sowohl Stall, Stadel und auch Wohnung unter einem Dach untergebracht sind. Auf der Vorderseite der stattlichen Häuser findet man streng gegliederte Fensterreihen. Die oberste wurde nur zu Dekorationszwecken gedacht. Hinter ihnen befindet sich im Allgemeinen ein Getreidespeicher. Erbaut wurden die Itakerhöfe im 19. Jahrhundert von Bauleuten aus Italien.

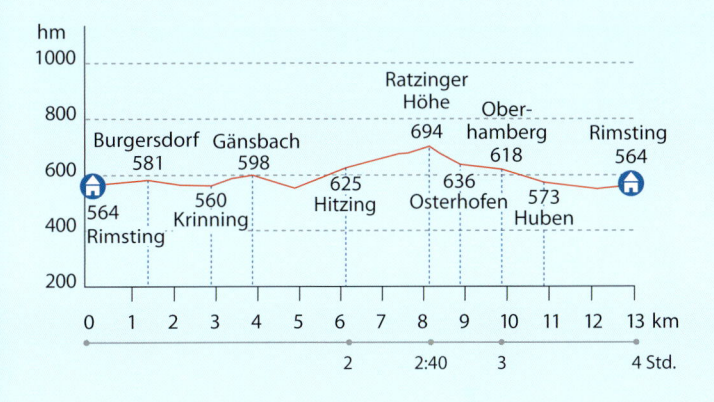

```
hm
1000
 800                    Ratzinger
                          Höhe      Ober-
             Burgersdorf Gänsbach    694    hamberg   Rimsting
 600           581         598                618       564
       ⌂           560            625    636       573      ⌂
          Rimsting Krinning    Hitzing Osterhofen Huben
 400   564
       Rimsting
 200

      0   1   2   3   4   5   6   7   8   9   10   11   12  13 km
                            2       2:40      3            4 Std.
```

Kriening/Greimharting ein, gehen zum Waldrand hinauf und nehmen dort den linken Weg. Wieder verlassen wir den Wald und sehen nun Greimharting direkt vor uns. Wir wandern nach rechts bis

Ausblick von der Ratzinger Höhe.

Rund um den Chiemsee | 8. Ratzinger Höhe

Veredelte Früchte – ein beliebtes Chiemseer Mitbringsel.

zur Wegkreuzung mit dem Marterl und folgen dem Wegweiser nach **Krinning**.

Dann weiter mit dem Wegweiser „Filialkirche Greimharting" nach rechts. Am linken Ende der Hofeinfahrt geht's einen Wiesenpfad hinauf. Er bringt uns an einem Marterl vorbei bis an den Friedhof von Greimharting, an dessen

⭐ KOMPASS HIGHLIGHT

Woher kommt der Name?
Die **Ratzinger Höhe** hieß schon so, bevor Papst Benedikt XVI., der mit bürgerlichem Namen Joseph Ratzinger heißt, da war und den Ort populär machte.
Es gibt hier eine kleine Ortschaft, die einst, wie berichtet wird, die Siedlung des Razzo oder Rasso war und vermutlich aus diesem Grunde heute Ratzing heißt.

Ende wir nach links weitergehen. Die Straße führt durch den Ort hindurch und mündet dann in die Straße, die von Prien auf die Ratzinger Höhe führt.

Ein paar Meter gehen wir an ihr entlang zum Ortsteil **Gänsbach** und biegen dann in Richtung Schering ein. Auf diesem Weg bleiben wir, bis wir an einem Bushäuschen auf die Straße nach Hitzing treffen. Nach rechts folgen wir der Straße hinauf auf die Ratzinger Höhe, kommen an **Hitzing** und Ratzing vorbei und erreichen einen Parkplatz für den Rundweg **Ratzinger Höhe**. Wir folgen dem Wegweiser Richtung Berg/Gattern.

Wer gerne eine Mittagspause einlegen möchte, geht die Straße noch ein Stück abwärts und biegt nach dem kurzen Waldstück nach links in den Wiesenweg ein. Er bringt uns zum Gasthaus/Café Weingarten mit seiner Aussichtsterrasse.

An der folgenden Kreuzung gehen wir Richtung Dirnsberg weiter. Rechts an der Baumgruppe (höchster Punkt 694 m) befindet sich ein Aussichtspunkt. In Dirnsberg wenden wir uns nach rechts (Osterhofen/Weingarten). Links befindet sich ein so genannter Itakerhof und rechts der Fritzenhof, eine Schnapsbrennerei. Nach einem weiteren Marterl folgt ein Weg hinunter nach **Osterhofen**, dort biegen wir nach links in Richtung Point/Oberhamberg ab.

Wir kommen zu den Häusern von Point und gehen davor vorbei, kommen an einen Feldweg, der zum Wald hin abbiegt. Ihm folgen wir in den Wald hinein und hinunter bis **Oberhamberg**. Hier treffen wir auf eine Teerstraße und wandern weiter hinunter in Richtung Huben. Wir treffen auf eine Querstraße, biegen nach rechts ab und gleich nach **Huben** nach links. Jetzt sind wir auf dem Weg, der uns hinunter ins Tal der Urprien bringt. Wir durchwandern das Tal und den Gegenhang hinauf. Oben angekommen, befinden wir uns schon wieder in **Rimsting**.

Die Erholung naht: Der Gasthof Weingarten kommt in Sicht.

Rund um den Chiemsee | 8. Ratzinger Höhe

45

9. Prien – Wildenwart – Hoherting
Ins Tal der Prien

Ausgangspunkt: Prien, 532 m; Parkplätze an der Beilhackstraße
Charakter: Ausgedehnte, anstrengendere Wanderung durchs Priental mit viel Auf und Ab. Auf Schotter-, Teer-, Feld- und Graswegen. Mit Einblicken in Geschichte und Kultur des Chiemgaus
Einkehr: In Prien; Schlosswirtschaft in Wildenwart; Meßner Wirt in Urschalling | **Karte:** KOMPASS Nr. 10

Leicht | 11,5 km | 190 hm / 190 hm | 3:30 Std.

Auf der Beilhackstraße in **Prien** vor unserem Parkplatz wenden wir uns nach links in Richtung Rimsting. Vor der Prienbrücke biegen wir wieder nach links in Richtung Eichfeld ab. Rechts neben uns fließt die Prien. Wir halten uns weiterhin geradeaus, lassen die Kneippanlage hinter uns und erreichen ein Wehr. Eine Brücke bringt uns hinüber zum Hang. Ein steiler Anstieg führt hinauf auf eine Seitenmoräne des Chiemseegletschers. Oben angekommen wenden wir uns nach rechts. (Wegweiser Rundweg Nr. 1, Naturlehrpfad.)

Die Alpenkette im Blick wandern wir hoch über der Prien weiter. Auf den Feldweg biegen wir nach rechts ein. Bald erreichen wir eine Weggabelung. Wir wenden uns nach rechts Richtung Eichental 1. Bald danach geht es hinunter ins Priental. Wir verlassen jetzt den Naturlehrpfad und gehen weiter in Richtung Siggenham/Grabenmühl/Priental-Rundweg. Nach einer Infotafel für den Grenzenloswanderweg gehen wir über zwei kleine Brückerln. An der nächsten Weggabelung halten wir uns in Richtung Kaltenbach/Prientalweg.

🛈 KOMPASS INFO

Das **Schloss Wildenwart**, so wie es heute aussieht, stammt aus dem 16. Jahrhundert. Der Kern der Anlage wurde bereits im Mittelalter errichtet. Wildenwart gilt als besterhaltener alter Schlossbau im gesamten Landkreis Rosenheim. Es war der Hauptwohnort des letzten bayerischen Königs, Ludwigs III., nachdem er seinen Thron verloren hatte. Seine Tochter, Prinzessin Helmtrud, ist auf dem Wildenwarter Friedhof begraben. Das Schloss wird heute von Herzog Max in Bayern und seiner Familie bewohnt und kann deshalb nicht besichtigt werden.

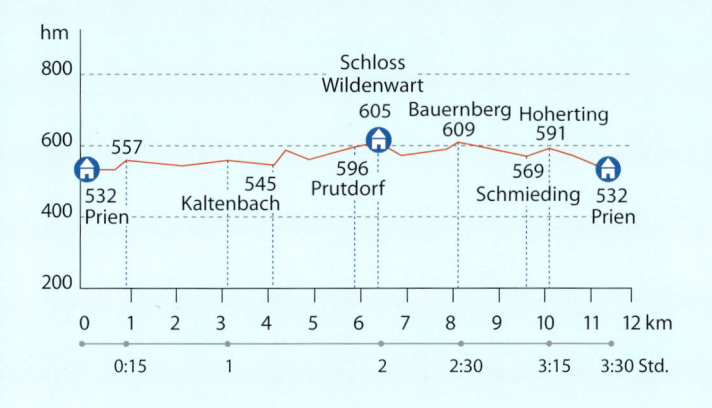

```
hm
800 ····················································································
                          Schloss
                         Wildenwart
                            605   Bauernberg Hoherting
600 ····· 557 ···················· ⌂ ········· 609 ····· 591 ··········
      ⌂                      596            569        ⌂
     532         Kaltenbach  Prutdorf      Schmieding  532
400  Prien   545                                       Prien
200 ····················································································
     0    1    2    3    4    5    6    7    8    9   10   11   12 km
     ●─────────●─────────────●──────────●──────●──────●
            0:15        1              2    2:30  3:15  3:30 Std.
```

Der weitere Weg führt an einem von der Prien zwecks Energiegewinnung abgezweigten Bach entlang, bis wir ein weiteres Wehr erreichen.

Mit Hilfe der Brücke erreichen wir wieder einen befestigten Steig, der uns hinauf bringt auf die nächste Anhöhe. Die Stufen sind ziemlich hoch. Ein Wegweiser lässt uns nun nach links in Richtung Kaltenbach abbiegen. Unser Weg führt wiederum an der Kante zum Priental entlang. Dann betreten wir einen kleinen Wald. Gehen wir erst durch

Im Tal der Prien.

Rund um den Chiemsee | 9. Prien – Wildenwart – Hoherting

In Hoherting.

Gebüsch, so kommen wir dann in einen Fichtenwald. Die sehr dicht stehenden Bäume vermitteln das Gefühl, in einer Kathedrale zu stehen. Bei Kaltenbach treffen wir auf eine Querstraße und wenden uns nach links.

Abwärts wandern wir durch **Kaltenbach** hindurch und biegen nach der Brücke rechts in den Waldweg ein. Er führt aufwärts bis zu eine Weggabelung. Wir nehmen den rechtenWeg, der uns hinunter zur Prien nach Mühlthal bringt. Hier führt eine Teerstraße weiter über zwei Brücken, an Duft vorbei und hinauf zur Straße nach **Prutdorf**. Nach dem Ort erreichen wir einen Kreisverkehr.

Wir halten uns links und erreichen das **Schloss Wildenwart** – und die Schlosswirtschaft. Diese Straße führt weiter wieder hinunter ins Priental. Unser Weg macht eine Kehrtwende und nach der Überquerung eines Baches erreichen wir die Prien. Nach ihrer Überquerung folgen wir der Straße nach Vachendorf hinauf. Nach Vachendorf folgen wir der querenden Straße nach links. Es geht ins Tal hi-

⊛ KOMPASS HIGHLIGHT

St. Jakob in Urschalling
Die Kirche St. Jakob in Urschalling wurde zwischen 1160 und 1200 von den Grafen von Falkenstein erbaut. Die vielfältigen Fresken erzählen Geschichten aus früheren Zeiten und machen die Kirche zu einer sehenswerten Kostbarkeit.

Schloss Wildenwart.

nunter und dann wieder hinauf nach **Bauernberg**.

Hier biegen wir dem Wegweiser folgend nach Urschalling ein. Im Folgenden passieren wir das Golfgelände von Vachendorf. Schon bald erkennen wir vor uns die Kirche St. Jakob von Urschalling. Nach **Schmieding** laufen wir ein Stück entlang der Bahngeleise.

Nun können wir uns entscheiden, ob wir einen **Abstecher** machen und eine Besichtigungspause in der **Urschallinger Kirche** einlegen. Der Mesnerwirt daneben bietet sich an für eine Rast.

Andernfalls biegen wir nach links ab und überqueren die Gleise. Der Weg führt hinauf nach **Hoherting**. Dort werden wir für den Aufstieg mit einer wunderschönen Aussicht über die Kette der Vorberge belohnt. In Hoherting nach links und bald wieder nach rechts dem Wegweiser Griebling folgen. Es geht noch ein Stück aufwärts. In der Rechtskurve halten wir uns geradeaus und wandern einen Grasweg hinüber nach Griebling. Mit seiner Kapelle steht es an der Straße nach Trautersdorf.

Wir gehen an der Kapelle vorbei und entlang der Straße. Wir kommen wieder an die Hangböschung des Prientals und halten uns an einer Rechtskurve geradeaus und wandern am Waldrand entlang abwärts. Bald treffen wir auf die Straße, die wir bereits am Anfang der Wanderung begingen. Ihr folgen wir auf gleicher Route zurück zum Parkplatz in **Prien**.

Rund um den Chiemsee | 9. Prien – Wildenwart – Hoherting

"Café am See"
Sassau
Urfahrn
Weingarten
CH
"Ganszipfel"
Na
Holzen
Fischhütte Reiter
Fischlokal Winklfischer
Kreuzkapelle
Benediktinerinnenkloster
St.Maria
Krautinsel
Schlosshotel
Altes Schloss
Herrenwörth
Chiemsee
Herren-
chiemsee
König. Ludwig II.
Museum
Schloss Herrenchiemsee
Freizeit- und
Erlebnisbad
"Prienavera"
Schanze
Naturlehrpfad
Badeplatz
"Schraml"
"Pauls Ruh"
Harras
Fischer am See
Schöllkopf
Raststätte Chiemsee
Lang
Holzner
Neumühle
Chiemseepark
Felden
Chiemsee-
Infocenter
Falt
107 Felden
Förchensee
Kleebach
Medical Park
Chiemsee
Eichet
Justizvollzugsanstalt
Bauerlbach
Neumühler Bach
Neue Rott
Bernauer
Moos
Bernau
a. Chiemsee
106
Irschen
Rottauer
Deutsche
Alpenstr.
Filze
Bernau

10. Bernau – Rottau
Entlang der Soleleitung

Ausgangspunkt: Bernau, 544 m; Parkplatz am Kurpark | **Charakter:** Leichte, aussichtsreiche Wanderung auf Teer- oder sehr guten Schotterstraßen | **Einkehr:** Rottau: Café König, Ghf. Messerschmied, Rest. Fischerstüberl; Bernau: Ghf. Alter Wirt, Jägerhof, Ghf. Kampenwand | **Karte:** KOMPASS Nr. 10

| Leicht | 9,7 km | 52 hm / 52 hm | 3:10 Std. | |

Von unserem Parkplatz in **Bernau** treten wir an die Straße, überqueren sie, gehen nach links in die Aschauer Straße (Richtung Touristeninfo) und biegen nach links in den Mitterweg ein (Wegweiser „Grenzenlos-Wanderweg").

Nach kurzer Zeit kreuzt die Mairhausenstraße. Hier biegen wir rechts ab. Von hier bis nach Rottau folgen wir dem Wegweiser „Salinenweg". Bald endet die Teerstraße und geht in einen Sandweg über. Jetzt wandern wir durch Weideland den Bergen entgegen. An der querenden Teerstraße wenden wir uns nach rechts zu den Wegweisern, die neben einem Wegkreuz stehen. Zurückblickend erkennen wir bereits den Chiemsee. Wir erreichen **Kraimoos** auf einer Teerstraße. Weiter geht's, an alten Höfen vorbei, eine Anhöhe hinauf.

Links oben ist ein Wasserhochbehälter platziert. Der Abstecher dorthin lohnt sich wegen der umfassenden Aussicht auf jeden Fall. Danach setzen wir unseren Weg in Richtung Rottau fort. Wir wandern weiter durch **Aufing** immer in Richtung Osten. Vor uns ragt das Hochgernmassiv auf. Die kleine Schnappenkirche steht auf einem vorgelagerten Höhenrücken. Wir durchqueren **Rudersberg** und genießen die großartige Aussicht hinaus ins Alpenvorland. Bald errei-

> **🛈 KOMPASS INFO**
>
> Im Bernauer Kurpark gibt es einen **Lehrpfad für Radiästhesie und Geomantie**. Da findet man Bezeichnungen wie „Hartmann-Curry-Gitter", „Ley Lines" oder auch „Energie-Doppelpyramide". Ziel dieses Lehrpfades soll sein, besondere Orte der Erde ganzheitlich wahrzunehmen, zu erleben und zu spüren. Um Näheres über diese Erfahrungswissenschaft zu erfahren, bietet die Gemeinde Bernau Führungen an.
> Unterlagen dazu erhält man in der Tourist-Information.

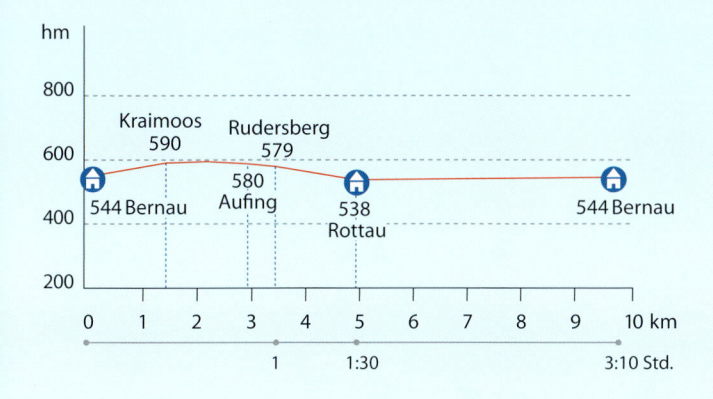

```
hm
800
      Kraimoos      Rudersberg
600     590           579
                      580
                     Aufing
400   544 Bernau              538          544 Bernau
                             Rottau
200
      0    1    2    3    4    5    6    7    8    9   10 km
                     1        1:30                   3:10 Std.
```

chen wir eine Teerstraße, die nach Adersberg hinauf führt. Wir überqueren sie und gehen den Weg gegenüber hinunter ins Tal. Unten wenden wir uns nach links und folgen dem Weg Mühlwinkel bis zur Staatsstraße 305 in **Rottau**.

Hier können wir uns entscheiden, ob wir noch einen Abstecher zum Wasserfall und/oder zum Moorlehrpfad machen. (Siehe Wanderung 11: Wasser, Salz und Moor.)

Wenn wir uns dagegen entscheiden, überqueren wir die Straße und gehen nach der Tourist-Information auf der Hauptstraße in den Ort hinein. An der Kirche finden wir einige Wegweiser. Wir biegen in die Dorfstraße nach Bernau ein. Dem Wegweiser „Bachweg/Färbinger Hof" folgend verlassen wir Rottau und wandern bis Bernau an einem Bach entlang.

Bernau betreten wir am Gewerbegebiet. Wir gehen weiter in Richtung Ortsmitte, dann Richtung Kurgarten, wo unser Auto steht. Der Weg dorthin ist gut ausgeschildert.

Ein herrlicher Aussichtspunkt: der Wasserhochbehälter bei Kraimoos.

Rund um den Chiemsee | 10. Bernau – Rottau

Rund um den Chiemsee | 11. Wasser, Salz und Moor

11. Wasser, Salz und Moor
Klein, aber oho!

Ausgangspunkt: Klaushäusl, 546 m; Parkplatz | **Charakter:** Der Weg am Wasserfall erfordert Trittsicherheit, ansonsten keine Schwierigkeiten. Eine kurze, aber sehr abwechslungsreiche Wanderung | **Einkehr:** Museumscafé | **Karte:** KOMPASS Nr. 10

Leicht · 2 km · 129 hm / 129 hm · 0:45 Std.

Vom „**Klaushäusl**" wenden wir uns nach links und marschieren bis zum Wegweiser „Wasserfall". Dort wandern wir dann aufwärts durch den Ortsteil **Griesenbach** hinauf in den Wald. Links von uns sehen wir das Museum „Klaushäusl: Salz und Moor". Nach ungefähr 30 Minuten Gehzeit erreichen wir den **Wasserfall**.

Auf dem Rückweg finden wir am Waldrand die Wegweiser Panoramaweg und Brunnhaus/Klaushäusl. Ihnen folgen wir nach rechts. Der Weg hält dann tatsächlich, was er verspricht. Er bietet wunderschöne Ausblicke auf die Kendlmühlfilzen und auf den Westerbuchberg dahinter mit St. Peter und Paul. An einer Weggabelung gehen wir in Richtung **Brunnhaus**/Klaushäusl. Dort kann man auf den Bänken ausruhen und die Aussicht genießen.

Eine steile Treppe führt hinunter zum Museum. Wir überqueren die Straße und nehmen den Weg links zum **Moorlehrpfad**. Auf 50 Tafeln wird dort die heimische Tier- und Pflanzenwelt erklärt. Am Ende des Pfades gehen wir über den Moorweg zurück zum **Klaushäusl** oder nach Rottau zur Kirche, wenn wir nach Bernau zurück wollen.

Wegbeschreibung ab Rottau im Anschluss an die Wanderung Bernau – Rottau.

ⓘ KOMPASS INFO

„Klaushäusl":
Das Museum Salz und Moor
Noch bis zum Jahr 1958 wurde die Sole von Bad Reichenhall und auch von Berchtesgaden unter anderem nach Rosenheim geleitet. Das Salzwasser floss in Rohren aus Eisen und Holz oberhalb des Museums. Mit Hilfe der Pumpstation, die in den historischen Gebäuden untergebracht ist, wurde die Sole weiterbefördert. In Rosenheim siedete man dann das Salz.

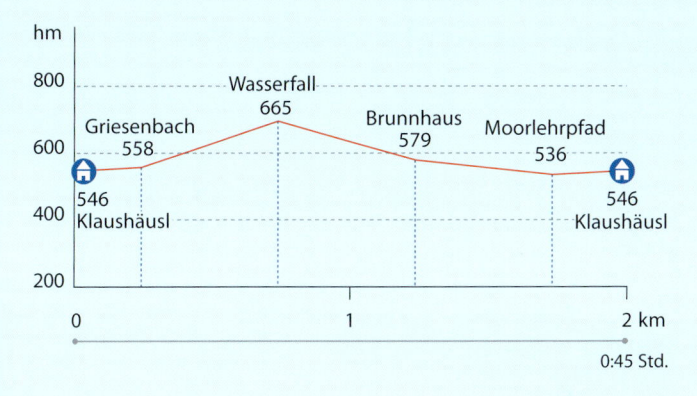

```
hm
800
         Wasserfall
           665
   Griesenbach        Brunnhaus
600    558              579      Moorlehrpfad
                                    536
   546                              546
400 Klaushäusl                      Klaushäusl

200
   0                   1                   2 km
                                        0:45 Std.
```

Tourenkarte S. 55

An der Durchgangsstraße von Rottau wenden wir uns nach rechts und wandern entlang des Radwegs. Dort biegen wir, dem Wegweiser „Wasserfall" folgend, rechts ab.

Das „Klaushäusl": unser Ausgangs- und Zielpunkt.

12. Rottauer Moos

Hier waren schon die Kelten

Ausgangspunkt: Torfbahnhof Rottau, 527 m; Parkplatz | **Charakter:** Spaziergang auf ebenen Kieswegen und weichen, moorigen Pfaden | **Einkehr:** in Rottau | **Karte:** KOMPASS Nr. 10

Leicht | 5 km | 3 hm / 3 hm | 1:30 Std.

Wir parken am **Torfbahnhof Rottau** und starten in Richtung Bernau. Der Weg führt am Bahndamm entlang. Wir überqueren ein paar Entwässerungskanäle, bis wir an einen kleinen Bach kommen. Für die Pferde führt eine Furt hinüber ans andere Ufer, für die Menschen eine **Holzbrücke**. Unmittelbar vor ihr biegen wir nach links in den Wald ein.

Unser Pfad verläuft immer an dem oft munter plätschernden Bach entlang. Beim Gehen auf unserem Pfad spüren wir nun auch, dass wir uns auf Moorboden bewegen. Jeder Schritt schwingt nach und oft entsteht ein leichtes Schmatzen auf dem stellenweise recht feuchten Boden. Viele feuchte, rutschige Wurzeln durchziehen unseren Weg; daher ist etwas Vorsicht beim Wandern angeraten. Im Verlauf dieses Weges wurden die Reste eines Bohlenwegs aus keltischer Zeit entdeckt. Die Bohlen kann man im **Moor- und Torfmuseum** bestaunen. Man vermutet, dass dieser Weg von Bernau bis hierher führte und den Zugang zu einem keltischen **Kultplatz** ermöglichte. Wir setzen unseren Weg fort und bald kommen wir an eine Wiese, auf der sich eine **Kneippanlage** befindet.

Unser Pfad biegt hier nach links ab. Innerhalb des Waldrandes wandern wir nun nach Osten. Zwischen den Zweigen taucht immer wieder der Ort Rottau auf.

Schließlich erreichen wir das Ende des Waldes und gehen zwischen einem Fußballplatz und einem Tennisplatz bis zu der kleinen Straße, die von Rottau zum Torfbahnhof führt. Ihr folgen wir ein Stück nach links, bis ein Wegweiser auf

> **🛈 KOMPASS INFO**
>
> **Streuwiesen**
> Die Wiesen im Randbereich der Moore werden Streuwiesen genannt. Die feuchten, ungedüngten Wiesen werden im Herbst gemäht. Ihr getrocknetes Gras wird im Winter als Einstreu für die Ställe verwendet. Die Streuwiesen bieten Platz für eine große Vielfalt an Pflanzen und Tieren.

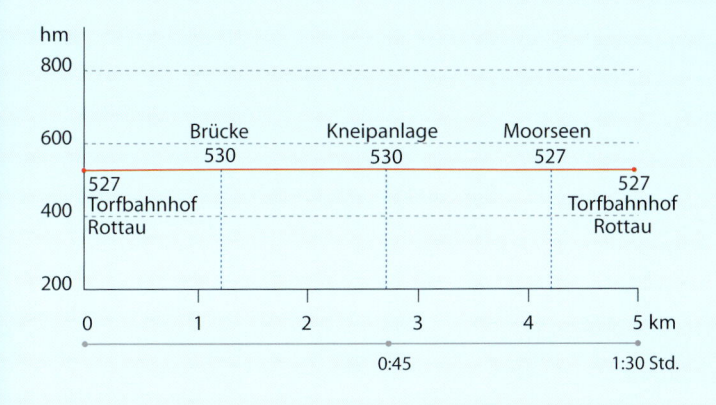

hm					
800					
600		Brücke 530	Kneipanlage 530	Moorseen 527	
400	527 Torfbahnhof Rottau				527 Torfbahnhof Rottau
200					
	0	1	2	3	4	5 km

0:45   1:30 Std.

den Fußweg zum Torfbahnhof hinweist. Wir folgen ihm und bald kommen wir an ein mit Bohlen befestigtes Wegstück. So könnten die Wege früher auch ausgesehen haben. Dort, wo unser Weg nach links abzweigt, führt ein Pfad geradeaus weiter. Mit seiner Hilfe erreichen wir einige **Moorseen**. Still und dunkel liegen sie vor uns und vermitteln eine geheimnisvolle Stimmung. Wir kehren um und gehen zurück zu dem Weg, den wir vorher verlassen haben und wandern zu unserem Ausgangspunkt zurück.

Im Moor.

Rund um den Chiemsee | 12. Rottauer Moos

Neumühle
Neue Rott
Chiemseemoos
Neumühler Bach
Damberger Filz
Chiemseemöser
Damberg
Wamsel
Justizvollzugsanstalt
Torfbahnhof Rottau
Alte Rott
START
Moor u. Torfmuseum
Wessen
Westerbuchberg
Alpenhof
Schließpoint
Angerling
NSG
Filze
Kendlmühlfilzen
Ewigkeitsweg
Kendlmühle
Moosbach
Rottau
Moorlehrpfad
Moosbauer
Unter-
-moosbach
Grafing
Grießenbach
Museum Klaushäusl Salz+Moor
Klaus
Brunnhaus
Steinbruck
Einöder Berg
Diensthütte
Einöde
Kucheln
Deutsche Alpenstraße
Hindling
Ober-
Grassau
Sporthotel Achental
Aich
Reifing
Viehhausen
Reifinger Weiher
Nußbaum
Guxhausen
Lindenkapelle
Hefteralm
Strehtrumpf
Moieralm
Wimmeralm
Hufnagelalm
Pelzenalm
Zeppelinhöhe
Rachelalm
Targraben

13. Im Kendlmühlfilz

Durchs Moor und darüber hinaus

Ausgangspunkt: Parkplatz am Grenzenlos-Wanderweg, 536 m
Charakter: Schöne Wanderung in das renaturierte Moorgebiet der Kendlmühlfilzen mit beeindruckender Aussicht vom Westerbuchberg. Gute Wege. Der Ewigkeitsweg führt über schwingenden Moorboden, über Sandstraßen und -wege | **Einkehr:** Gasthaus Alpenhof, in Rottau | **Karte:** KOMPASS Nr. 10

| Leicht | 12,3 km | 74 hm / 74 hm | 4 Std. | |

Von unserem **Parkplatz** aus wenden wir uns nach Norden und folgen dem bequemen Weg geradeaus ins Moor hinein. Unvermittelt biegt der Weg nach Osten ab. Beiderseits des Wegs wechseln offene, weite Flächen mit kleinen Birkenwäldchen ab. In einem solchen kommen wir an eine Wegkreuzung. Wir gehen nach links und tauchen nun auf einem schmalen, weichen Pfad in die Moorlandschaft ein. Teilweise folgt der Weg den alten Eisenbahnschienen. Bald erreichen wir den **Aussichtsturm**.

Weiter geht's in Richtung Westerbuchberg. Langsam wird unsere Umgebung einem Wald immer ähnlicher und wir erreichen einen schmalen Weg. Wir folgen dem Wegweiser „Westerbuchberg". Nun heißt es aufpassen, damit wir keinesfalls den nächsten Wegweiser, der uns nach links zum Westerbuchberg abzweigen lässt, übersehen. Bei einer Weggabelung halten wir uns halbrechts. Nachdem wir zwei kleine **Brücken** überquert haben, stoßen wir auf einen Fahrweg. Ihm folgen wir nach rechts. Der Weg führt über eine Wiese bis zu einem am Waldrand stehenden Haus. Hier gehen wir nach links und unmittelbar danach wieder nach rechts. Jetzt weist uns ein Schild „Westerbuchberg" auf unseren bevorstehenden Anstieg hin.

Wir stoßen auf die Teerstraße und wenden uns nach links, wo wir bald die Gastwirtschaft „Alpenhof" erreichen. Etwas später passieren wir die Kirche **St. Peter und Paul** und beginnen auch gleich mit dem Abstieg hinunter zum Moor. Wir gelangen am Fuße des Westerbuchbergs auf die gerade Straße zum **Torfbahnhof**. Dort angekommen wenden wir uns nach links und wandern auf der Teerstraße nach Süden in Richtung **Rottau**. An der Kirche marschieren wir auf der Kreuzstraße weiter, bis uns ein Wegweiser zum Moorrundweg nach links abbiegen lässt. Wir halten uns

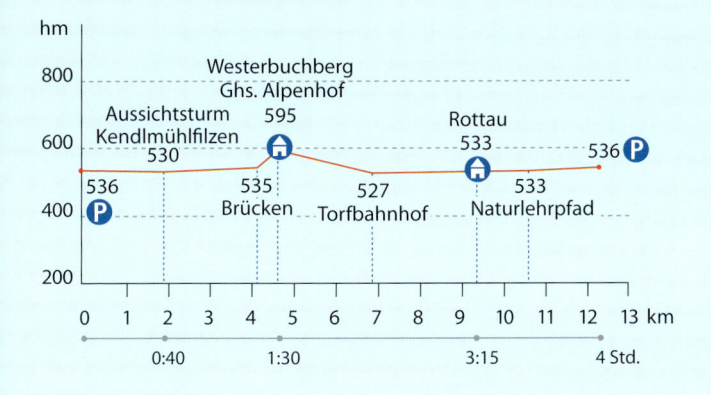

⭐ KOMPASS HIGHLIGHTS

Am **Ewigkeitsweg** befindet sich eine Aussichtsplattform. Hier genießt man einen weiten Blick über die Kendlmühlfilzen und die dahinter hochragenden Berge. Anhand von Informationstafeln erfährt man wie Moore entstehen, bekommt einen Überblick über die Moorlandschaft um uns, wo Bahngleise verlegt waren, wie die Entwässerungsgräben durchs Moor gezogen wurden, wo Torf abgebaut wurde usw.

Der **Westerbuchberg** bietet neben einer atemberaubenden Aussicht eine Gaststätte für eine genussvolle Rast und das 1000 Jahre alte Kirchlein St. Peter und Paul, ehemals romanisches, später zum gotischen Bauwerk umgebaut. Ein sehr seltenes Kunstwerk stellt der gemalene 14-Nothelfer-Altar dar.

Richtung Osten. Am Rand des Moors geht's über eine Brücke und dann nach rechts. Wenn wir dem Schild „**Naturlehrpfad**" folgen, betreten wir einen kleineren Weg. Tafeln entlang des Weges informieren über das Biotop Moor.

Nun geht's weiter nach Süden, an Häusern vorbei und an einer Kreuzung nach links. Unser Weg führt jetzt auf der Hacklstraße bis zur nächsten Querstraße. Hier auf der Teerstraße nach links bis zu unserem **Parkplatz**.

Im Kendlmühlfilz.

Rund um den Chiemsee | 13. Im Kendlmühlfilz

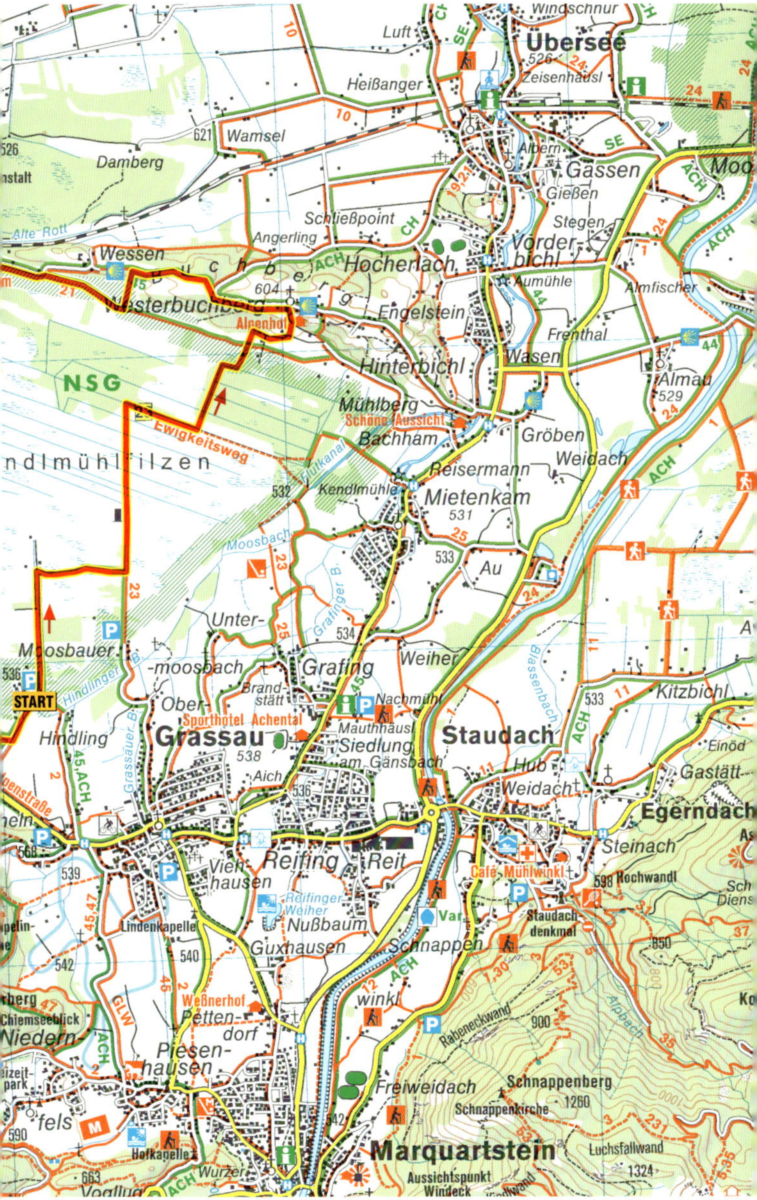

Windschnur
Übersee
526
Zeisenhäusl
Luft
Heißanger
Wamsel
621
Damberg
Gassen
Albern
Gießen
Schließpoint
Angerling
Stegen
Vorderbichl
Wessen
Hocherlach
604
Aumühle
Almfischer
Westerbuchberg
Alpenhof
Engelstein
Frenthal
Hinterbichl
Wasen
Almau
529
NSG
Mühlberg
Schöne Aussicht
Bachham
Gröben
Weidach
Ewigkeitsweg
Reisermann
Kendlmühle
532
Mietenkam
531
Moosbach
533
Au
Unter-moosbach
Grafinger B.
534
Moosbauer
Grafing
Weiher
Brand-stätt
Nachmühl
Ober-
START
Hindlinger B.
Hindling
Sporthotel Achental
Grassau
538
Mauthhäusl
Siedlung am Gänsbach
Staudach
Blassenbach
533
Kitzbichl
Einöd
Hub
Gastätt
Aich
536
Weidach
Egerndach
Steinach
Grassauer B.
539
Vieh-hausen
Reifing
Reit
Café Mühlwinkl
598 Rochwandl
Reifinger Weiher
Nußbaum
Staudach-denkmal
Lindenkapelle
540
Guxhausen
Schnappen
542
850
Alpbach
Weßnerhof
Petten-dorf
winkl
Rabeneckwand
900
Chiemseeblick
Niedern-
Piesen-hausen
Freiweidach
Schnappenberg
Schnappenkirche
1260
fels
542
Hofkapelle
Marquartstein
Luchsfallwand
1324
663
Wurzer
Aussichtspunkt Windeck

14. Moorrundweg Osterbuchberg
Überblick mit Einblicken

Ausgangspunkt: Nähe Almau. Bei Stegen abbiegen nach Almau, dann links und über die Achenbrücke; der Parkplatz befindet sich rechts, 532 m | **Charakter:** Abwechslungsreiche Wanderung mit Ausblicken und Einblicken in die Welt der Moore. Teils Teerstraßen, teils Feld-, Gras- und Moorwege | **Einkehr:** Gasthof zum Ott, Tel. +49 (0)8641/699590 | **Karte:** KOMPASS Nr. 10

Leicht   11,5 km   62 hm / 62 hm   3:30 Std.

Vom **Parkplatz** biegen wir nach rechts in die Teerstraße ein. Bei einem Bushäuschen wenden wir uns nach links. Wir gehen hinauf, bis zu einer Querstraße. Hier biegen wir nach rechts ab und folgen der Straße weiter den **Osterbuchberg** hinauf.

Unser Weg bietet Ausblicke nach Süden ins Egerndacher Filz hinunter und auf die Berge und nach Norden Richtung Grabenstätt und das Grabenstätter Moos. Dabei wandern wir an Weideland und Obstgärten vorbei und zwischen den einzelnen Höfen hindurch. Zwischen Hausnummer 8 und 9 steht ein Strommast mit der Nr. 5. Hier biegen wir nach rechts in einen Wiesenweg ein und steigen nach Süden hinunter ins **Egerndacher Filz**. Unten angekommen weist uns eine Informationstafel darauf hin, dass wir uns in einem Wiesenbrütergebiet befinden. Wir wenden uns für ca. 30 m nach rechts. Dann biegen wir in den Weg zum Waldrand nach links ein. Dort angekommen zweigen wir erst nach links und wiederum nach ein paar Metern nach rechts über eine kleine Brücke ab. Hinter der Brücke wenden wir uns nach rechts und folgen auf unserem Weg für die nächste Zeit dem Almbach, der eine lang gezogene Linksbiegung beschreibt. Wir treffen auf eine Querstraße, in die wir nach links einbiegen. Ein Wegweiser „Staudach" bestätigt unsere Entscheidung. Die Nennung des „Ameisenpfads" weist bereits auf den Natur-Erlebnispfad durch die Staudach-Egerndacher Filze hin. Vorerst wandern wir über Streuwiesen, bis der Weg einen kleinen Knick nach rechts macht und wir in eine Moorlandschaft eintauchen. Wir treffen wieder auf einen Wegweiser, wir bleiben auf dem „Großen Moorrundweg".

Beim nächsten Hinweisschild folgen wir wiederum dem „Großen Moorrundweg" nach links über eine kleine Holzbrücke. Am Ende dieser langen Geraden treten wir aus dem Moorwald hinaus und sehen vor uns die Kirche von Egerndach. Hier biegen wir im rechten Winkel nach rechts ab und marschieren an einem Entwässerungsgraben entlang nach Westen. Beim folgenden Wegweiser gehen wir nach links in Richtung Egerndach-Staudach. An einer Hütte am Weg wird der Naturerlebnispfad beschrieben. Wir wandern weiter nach **Staudach**. Bald erreichen wir den **Achendammweg**, auf dem wir jetzt Richtung Norden Übersee bis zu unserem **Parkplatz** zurückwandern.

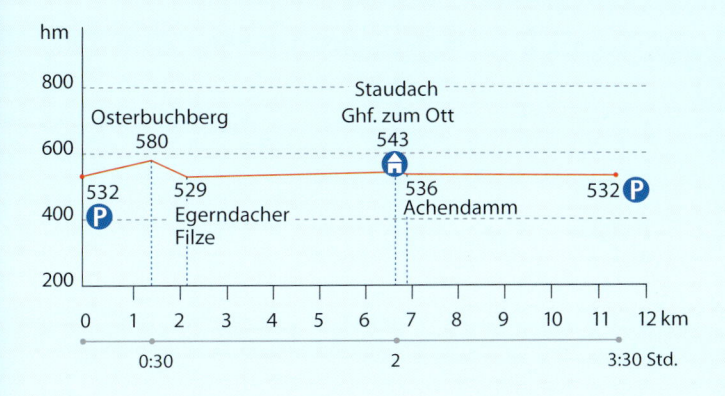

Im Egerndacher Filz.

Rund um den Chiemsee | 14. Moorrundweg Osterbuchberg

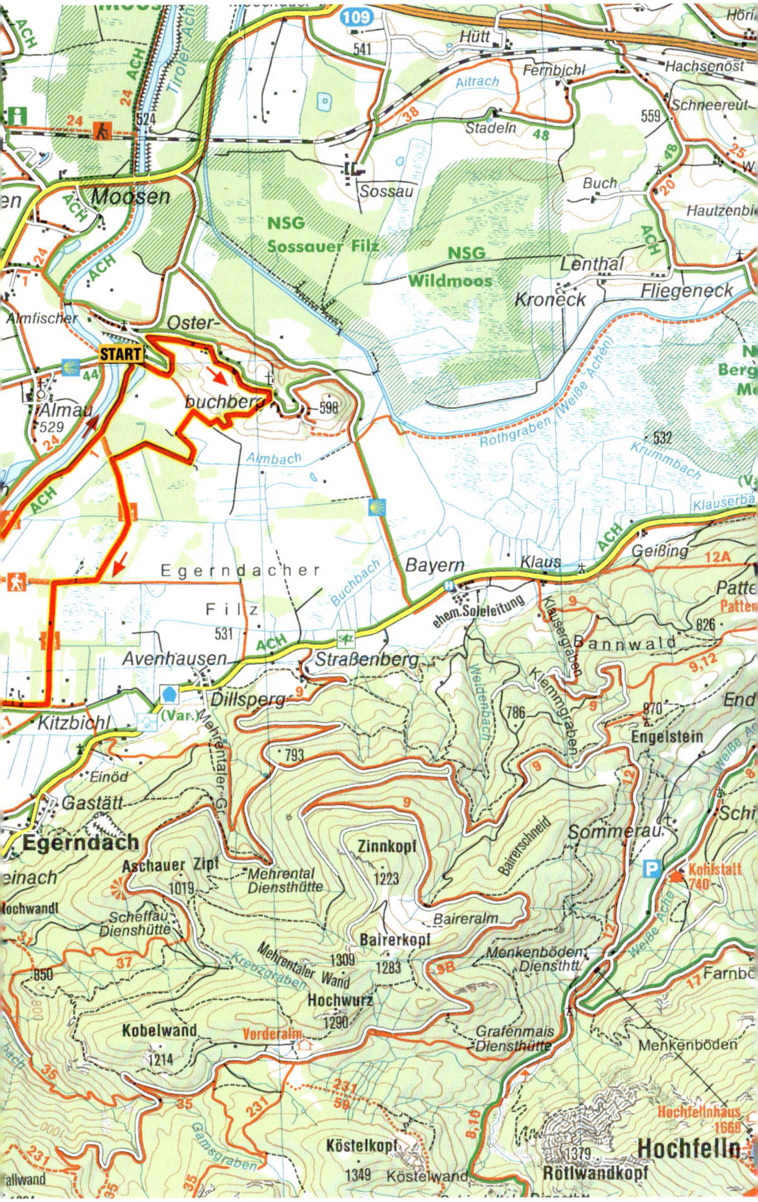
START
Moosen
Osterbuchberg
Almau
Almfischer
Sossau
NSG Sossauer Filz
NSG Wildmoos
Lenthal
Kroneck
Fliegeneck
Hütt
Fernbichl
Hachsenöst
Schneereut
Stadeln
Buch
Hautzenbichl
Aitrach
Tiroler Achen
Rothgraben (Weiße Achen)
Krummbach
Almbach
Buchbach
Egerndacher Filz
Bayern
Klaus
Geißing
ehem. Soleleitung
Avenhausen
Straßenberg
Dillsperg
Kitzbichl
Bannwald
Klausergraben
Kemmgraben
Weidenbach
Engelstein
Einöd
Gastätt
Egerndach
Aschauer Zipf
Mehrental Diensthütte
Scheffau Dienshütte
Zinnkopf
Baireralm
Bairerkopf
Bairerschneid
Sommerau
Kohlstatt 740
Menkenböden Diensthtt
Mehrentaler Wand
Kreuzgraben
Hochwurz
Kobelwand
Vorderalm
Grafenmais Diensthütte
Menkenböden
Köstelkopf
Köstelwand
Gamsgraben
Hochfellnhaus 1669
Hochfelln
Rötlwandkopf
Farnbö
Mehrentaler Gr.
Weiße Ache
Hochwandl

15. Grabenstätt – Bergener Moos
Ab in den Süden

Ausgangspunkt: Grabenstätt, 526 m; Parken hinter der Sparkasse
Charakter: Leichte Wanderung auf geteerten Straßen, meist aussichtsreich mit Blick auf die Alpenkette und über das Bergener und das Grabenstätter Moos | **Einkehr:** Grabenstätt: Gasthof zur Post, Wirtshaus Schwögler, Grabenstätter Hof; Holzhausen: Gasthof Alpenblick | **Karte:** KOMPASS Nr. 10

Leicht • 10,3 km • 140 hm / 140 hm • 3:10 Std.

Von unserem Parkplatz in **Grabenstätt** gehen wir die Straße zurück bis zur Friedhofsmauer und biegen dann in Richtung Süden in die Straße nach **Kalsberg** ein. Der Betonplattenweg steigt bis dorthin leicht an und fällt dann zur Eisen- und Autobahn wieder ab. Wir unterqueren beide Verkehrsadern und treten bei **Schneereut** aus dem Wald hinaus.

Ab hier gehen wir am Rande des Bergener Mooses entlang. Wir passieren **Fliegeneck**, biegen beim Holzwegweiser Rumgraben nach links ab und wandern eine Anhöhe hinauf. Die Ortschaft wird durchquert und vor dem letzten Haus von Rumgraben biegen wir nach links in einen nach unten führenden Feldweg ein. Ihm folgen wir, bis wir die Teerstraße erreichen. Wir wenden uns nach links, gehen unter der Bahnunterführung hindurch und folgen wiederum nach links dem Wegweiser „Fußweg nach Holzhausen". An **Kaltenbrunn** mit seinen zahlreichen Fischweihern vorbei geht's schließlich wieder aufwärts.

Bald erreichen wir wieder die Autobahn, folgen der Straße unter ihr hindurch und beginnen mit dem Aufstieg nach **Holzhausen**. Wir kommen an eine Querstraße. Gegenüber führt ein Fußpfad direkt hinauf zum **Gasthof Alpenblick**. Dort wenden wir uns nach links am Gasthof vorbei und erreichen einen Wegweiser nach Höring. Auf

🛈 KOMPASS INFO

Bis 1904 lag Grabenstätt noch direkt am Chiemsee. Durch ausbaggern des Alzbettes (Chiemseeabfluss) wurde der Seespiegel abgesenkt. In Folge dieser Maßnahme verlandete das Gebiet zwischen Grabenstätt und dem heutigen Chiemseeufer. Der 1250 ha große Bereich wurde als **Grabenstätter Moos** unter Naturschutz gestellt.

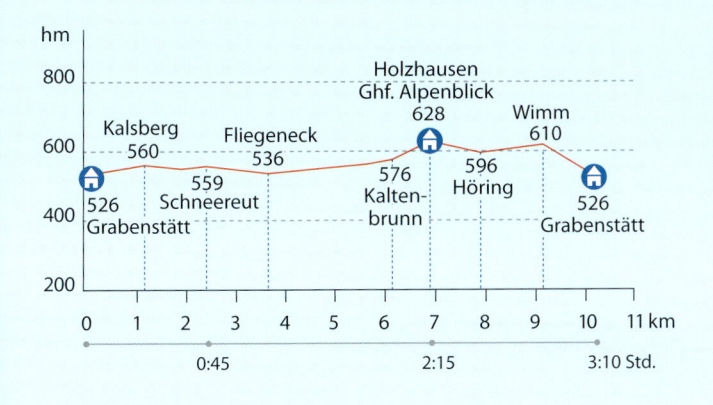

```
hm
800                    Holzhausen
                       Ghf. Alpenblick
                            628                Wimm
600    Kalsberg   Fliegeneck                   610
       560        536                    596
                       559         576   Höring
400    526        Schneereut       Kalten-              526
       Grabenstätt                 brunn                Grabenstätt
200
    0    1    2    3    4    5    6    7    8    9    10    11 km
                 0:45                2:15          3:10 Std.
```

dieser Straße wandern wir einige Zeit an der Autobahn entlang, durch **Höring** hindurch und eine bewaldete Anhöhe bei **Wimm** hinauf. Oben angekommen werden wir mit einem Ausblick über den Chiemsee und die Berge belohnt. Vor uns liegt bereits **Grabenstätt**, das wir in ungefähr einer Viertelstunde erreichen.

Grabenstätt.

Rund um den Chiemsee | 15. Grabenstätt – Bergener Moos

73

16. Tüttensee
Ein Meteoritenkrater?

Ausgangspunkt: Grabenstätt, 526 m; Parkplatz am Rathaus
Charakter: Eine leichte Wanderung ohne Steigungen auf guten Teer-, Schotter- und Graswegen | **Einkehr:** Ausflugsgaststätte Hirschauer Bucht, Sewirtschaft Tüttensee, Gasthaus zur Post, Grabenstätter Hof, Pizzeria Laguna | **Karte:** KOMPASS Nr. 10, 159

Leicht   12 km   28 hm / 28 hm   3:50 Std.

Vor dem Rathaus in **Grabenstätt** wenden wir uns nach links und beginnen unsere Wanderung entlang der Schlossstraße. Bald treffen wir auf das Hinweisschild „Fußweg zum Tüttensee". Diesem folgen wir und befinden uns nun in der Entermühlstraße. Wenn die Straße nach links abbiegt, gehen wir geradeaus weiter, an einem Bauernhaus vorbei, dann halten wir uns links, gehen über den Hof und schwenken dann nach rechts. Wir befinden uns immer noch auf der Entermühlstraße. Wir sehen jetzt bereits die weiten Wiesen, die sich vor uns bis zum Tüttensee erstrecken. Wir folgen dem Weg in diese Richtung. Kurze Zeit darauf kommen wir nochmals an einem Hof vorbei und erreichen dahinter den Wiesenweg zum **Tüttensee**.

Wir überqueren einen Entwässerungsgraben und wandern weiterhin geradeaus über die Wiesen. An einer Querstraße gibt ein Wegweiser die neue Richtung an. Wir biegen also nach links und sehen auf einer Anhöhe vor uns Marwang. Kurz vor der Ortschaft steht ein Strommast. Hier biegen wir nach rechts ab. Bald erreichen wir eine Schotterstraße, überqueren sie und stehen vor einer Informationstafel. Hier beginnen wir unsere Wanderung um den See.

Haben wir unsere Runde abgeschlossen, gehen wir auf dem bekannten Schotterweg hinauf nach **Marwang**. Linker Hand kommen wir an die Alte Dorfstraße. Sie bringt uns bis zur Hirschauer Straße. Wir biegen hier nach rechts ab und wandern auf ihr bald wieder über offenes Gelände bis nach **Hirschau**.

Durch Hirschau hindurch bleiben wir auf dieser Straße und erreichen dann die Staatsstraße 2096. Hier wenden wir uns nach rechts und sehen bereits einen Parkplatz unter hohen Bäumen. Dort überqueren wir die Straße und betreten das Naturschutzgebiet Grabenstätter Moos. Der Weg führt uns zur **Hirschauer Bucht**.

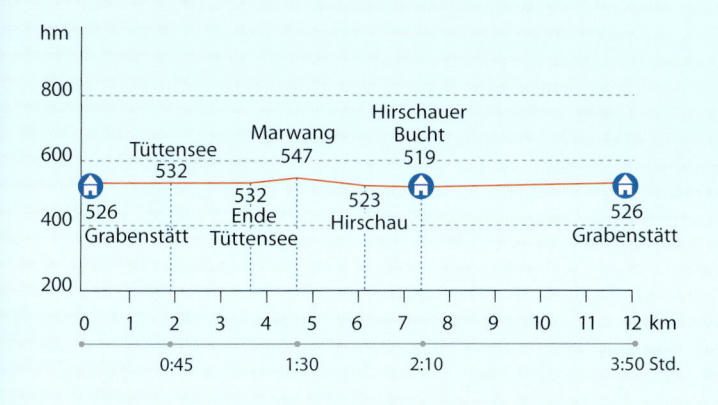

Ein guter Platz für die Mittagspause. Interessant ist der Besuch des Beobachtungsturms „Hirschauer Bucht". Vor ein paar Jahren konnte man hier noch baden. Heute ist der Verlandungsprozess, infolge Ablagerungen und Schwemmholz aus der Tiroler Ache, schon weit fortgeschritten. Weil die Uferbereiche gesperrt sind, finden Wasservögel die nötigen geschützten Ruheplätze und können von uns in Ruhe beobachtet werden.

Anschließend nehmen wir das letzte Stück Weg in Richtung Grabenstätt in Angriff. Dazu wandern wir auf dem Chiemseerundweg weiter, bis wir eine Brücke über einen Kanal erreichen. Hier biegen wir nach links ab und erreichen in ein paar Minuten **Grabenstätt**.

Winterwanderlandschaft am Tüttensee.

Rund um den Chiemsee | 16. Tüttensee

77

17. Lachsgang
Stilles Naturreservat und quirliger Badestrand

Ausgangspunkt: Parkplatz Autobahnausfahrt Übersee, 521 m
Charakter: Beschaulicher Spaziergang auf sehr gut gepflegten Wegen | **Einkehr:** D'Feldwies Wirtshaus, Chiemgauhof, Seewirt
Karte: KOMPASS Nr. 10, 159

Leicht   8 km   5 hm / 5 hm   2:30 Std.

Von unserem **Parkplatz** aus betreten wir die Straße und wenden uns nach rechts in Richtung **Seethal**. An einer Weggabelung gehen wir in Richtung Baumgarten. Dann biegt unsere Wanderroute nach links ab. Auch der Achentalradweg verläuft in diese Richtung.

An einer weiteren Weggabelung folgen wir dem Hinweisschild „Lachsgang".

Wir wandern über weite Wiesenflächen, auf denen einzelne und mächtige Eichen stehen. Bald sehen wir vor uns die Wasserfläche

Blick über den Chiemsee von der Halbinsel Lachsgang.

Höhenprofil

		Chiemgauhof 516	D'Feldwies 521	
Seethal 521				
521	516 Vogelbeobachtungsturm Lachsgang	520 Seewirt		521

0 km — 0:45 — 2 — 2:30 Std.

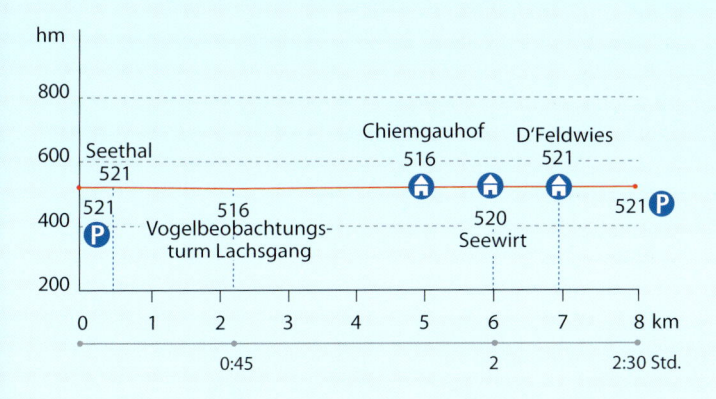

des Chiemsees. Nun dauert es nicht mehr lange und wir treffen auf den **Aussichtsturm Lachsgang**. Von hier aus kann man die Vögel an der Achenmündung beobachten. Wir gehen weiter, an der Nikolauskapelle vorbei, am See entlang. Immer wieder lassen uns Ausblicke über den Chiemsee und seine Inseln innehalten. Bemerkenswert sind die alten Bäume, die unseren Weg säumen.

Am Seebad vorbei passieren wir die **Gasthäuser Chiemgauhof** und **Seewirt**. Dann treffen wir auf die Unterführung der Autobahn. Wir unterqueren sie und folgen dem Wegweiser „D'Feldwies Wirtshaus". Kurz vor dem Wirtshaus weist uns ein Schild auf die Gemäldegalerie Exter-Kunsthaus hin. Wenn wir unseren Weg weiter gehen, kommen wir an die Hauptstraße.

Wir wenden uns nach links und erreichen nach der Überführung unseren **Parkplatz**.

🛈 KOMPASS INFO

Die **Halbinsel Lachsgang** entstand wie heute das Achendelta. Damals, als die Tiroler Ache noch hier in den See mündete, zogen die Chiemsee-Lachse (Seeforellen) die Ache hinauf, um dort zu laichen. Ein Überbleibsel des alten Achenverlaufs befindet sich in der Mitte der Halbinsel. Gekennzeichnet durch die aneinander gereihten, uralten Eichen und der Binsengewächse.

Am Beobachtungsturm Lachsgang.

Rund um den Chiemsee | 17. Lachsgang

81

Rund um den Chiemsee | 18.Ising – Chieming

18. Ising – Chieming

Unterwegs auf der Römerstraße

Ausgangspunkt: Ising, 558 m; Parkmöglichkeit im Ort | **Charakter:** Eine abwechslungsreiche Wanderung über stilles, meist landwirtschaftlich genutztes Land, an quirligen Strandbädern vorbei und immer wieder fantastische Ausblicke über den See **Einkehr:** Goldener Pflug in Ising; Ghs. Kupferschmiede; in Arlaching; Ghs. Seehäusl; in Chieming | **Karte:** KOMPASS Nr. 10, 159

Leicht   12 km   51 hm / 51 hm   3:45 Std.

Vom Parkplatz in **Ising** gehen wir die Anfahrtsstraße bis zur Kapelle hinunter. Hier leitet uns der Wegweiser (Arlaching 1 km). Wir bewegen uns auf der alten Römerstraße, die von Salzburg nach Augsburg führte. An einer Abzweigung steht links ein Gedenkstein.

Nach einem großen, renovierten Holzkreuz erreichen wir die offene Wiese und folgen nunmehr dem Pfad bis zum Parkplatz des **Gasthauses Kupferschmiede** in Seebruck. Hier nehmen wir die Unterführung zum Chiemseeufer und wenden uns nach links. Auf dem Chiemseeuferweg wandern wir angenehm unter schattigen Bäumen bis hinter **Arlaching**. Wir gehen den ansteigenden Weg links hinauf und biegen oben gleich wieder rechts ab. Unsere etwas höher als der Chiemsee liegende Straße ermöglicht immer wieder Ausblicke über den See und die Chiemgauer Berge dahinter. Nach Schützing taucht die kleine Kirche St. Johann auf. Der Weg, auf dem wir die Kirche erreichen, führt weiter zum See. Hier beim „**Seehäusl**" werden die Radler vom Ufer weggeführt. Unsere Route steigt kurz hinter dem Gasthaus „Seehäusl" nur ein paar Meter an und führt zu einem Aussichtsplatz. Bald erreichen wir die Uferpromenade von Chieming. Am Parkplatz direkt am See wenden wir uns nach links und gehen nach **Chieming** hinein. Beim Erreichen der Ortsdurchgangsstraße halten wir uns gleich wieder links und wählen die Stötthammer Straße. Nach 100 m folgen wir dem Wegweiser zu den Sportanlagen (Josef-Heigemooser-Straße). Kurz davor biegen wir in den Mitterweg ab. Er bringt uns an der Volksschule und am Sportplatz vorbei hinaus aus Chieming.

Nun wird es wesentlich ruhiger und wir können unsere Blicke wieder über die Landschaft schweifen lassen; links der Chiemsee und die Berge, vor uns **Stöttham**. Dort

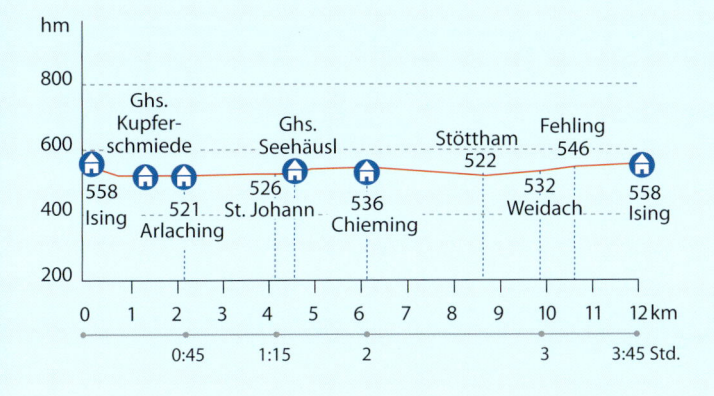

```
hm
800
600  Ghs.              Ghs.                    Fehling
     Kupfer-           Seehäusl    Stöttham    546
     schmiede                      522
     558   🏠  🏠      🏠          🏠                    🏠
400       521   526                            532     558
     Ising      St. Johann  536                Weidach  Ising
          Arlaching     Chieming
200
     0   1   2   3   4   5   6   7   8   9   10  11  12 km
              0:45    1:15        2               3    3:45 Std.
```

treffen wir auf eine Querstraße (Isinger Straße), der wir nach rechts durch den Ort folgen. Weiter geht's bis zur Staatsstraße 2095 (Seebruck–Traunstein). Sie wird überquert. Gegenüber führt ein Feldweg nach **Weidach**, das auch bereits vor uns zu erkennen ist. In Weidach biegen wir für kurze Zeit auf den Radweg Richtung Fehling ein und nehmen dann den Feldweg, der links abbiegt. Linker Hand ist bereits die Isinger Kirche zu sehen.

In **Fehling** nehmen wir die Teerstraße nach links. Sie führt aus dem Ort hinaus, zwischen weiten Pferdekoppeln und Weideland für Schafe hindurch, durch einen freundlichen Mischwald und mündet schließlich in die zu **Ising** gehörende Allee aus riesigen, alten Linden.

Bei Schützing.

Rund um den Chiemsee | 18.Ising – Chieming

Knesing
551
576
Scheibenloh
561
Wiesen
Buchberg
533
Kainrading
Grilling
Kötzing
Stadelet
Pittersdorf
Tabing
Billing
Wimpersing
Meising
Öd
Holzmann
561
Hart
553
Hilleck
Storfling
Hub
Forst Harter
7A
Lenglach
Weidboden
556
Manholding
Fehling
Siedenberg
Deutsche Ferienroute
Weidach
578
537
Sondermoning
Egerer
Goriwirt
Lenz
549
Keltenschanze
Stöttham
522
Johann
Laimgrub
534
Eglsee
Lochbach
Beobachtungs-plattform
Pfaffing
Chieming
536
549
Schloss Neuchieming
Aufham
Kleeham
Pfeffersee
Berghof
529
Krebsbach
Außerlohen
596
Kraimoo
TC
MO
CW
CH

19. Ising – Castrum
Eine ruhige Landpartie

Ausgangspunkt: Ising, 558 m; Parken vor der Kirche | **Charakter:** Leichte Wanderung durchs ruhige „Hinterland" des Chiemsees. Gute Wege, teils Teerstraßen, teils auch Feld- und Waldwege **Einkehr:** Goldener Pflug in Ising, verschiedene Gaststätten und Cafés in Seebruck | **Karte:** KOMPASS Nr. 10, 159

Leicht 9,5 km 58 hm / 58 hm 3 Std.

Vom Parkplatz in **Ising** wenden wir uns nach rechts, fahren den Kirchberg hinunter und weiter hinein in die Allee Richtung Fehling. An der folgenden Weggabelung links, bei der nächsten rechts Richtung Ballonstartplatz. Dieser Weg bringt uns nach **Wimpersing** (Gemeinde Tabing). Wir biegen in die querende Hauptstraße nach links ein, dann gleich wieder nach rechts in Richtung Wald. Links, am Waldrand, liegt der **Luginger See** und gleich ein paar Meter weiter schließt sich der **Castrumer See** an.

Wir folgen unserer Straße, die sich durch die Felder schlängelt, bis wir nach Wald kommen, auf die Querstraße links und am Waldrand noch mal links einbiegen. Auf diesem schattigen Waldweg wandern wir die Geländestufe hinauf, erreichen bald den Waldrand und gehen unter den weit ausladenden Eichen- und Buchenästen nach **Castrum** hinein. Nach dem Weiler treffen wir wieder auf die Hauptstraße nach Seebruck (Stöffling 1,1 km), überqueren sie nach links und biegen dann den nächsten Feldweg vorm Waldrand nach rechts ein.

🛈 KOMPASS INFO

Auf einer kleinen Anhöhe am Ostufer des Chiemsees liegt **Gut Ising**. Es ist gut sichtbar von vielen Stellen rund um den See. Ising wird schon um 744 als „Villa Usinga" im Chiemgau urkundlich erwähnt und lag an der alten Römerstraße von Salzburg nach Augsburg. Beim Bau des Schlosses wurden ein Mosaikboden und Reste einer Hypokaustheizung aus der Römerzeit gefunden. Die Wallfahrtskirche Mariä Himmelfahrt mit einem viel verehrten Gnadenbild war schon im 15. Jahrhundert Ziel vieler Wallfahrer. Das Innere der Kirche wurde 1751 umgestaltet und stuckiert mit einem zarten Laub- und Gitterwerk. Als **Castrum** bezeichnete man ein römisches Militärlager. So lässt der Name Castrum auf eine römische Vergangenheit schließen.

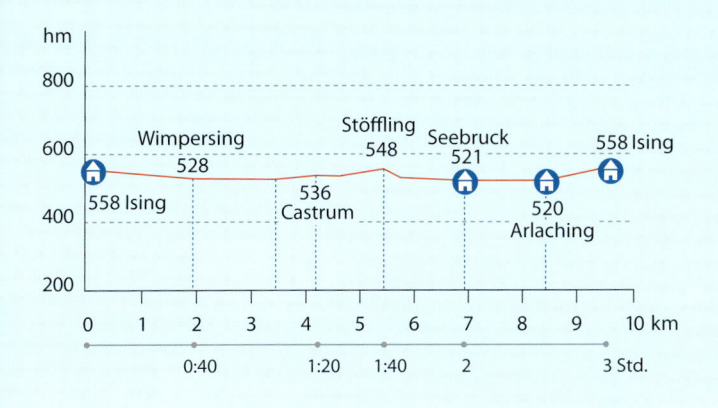

Wir erklimmen die Anhöhe, halten uns am nächsten Querweg nach links und folgen dem Weg, weiter hinauf bis **Stöffling**.

An der Straße nach Truchtlaching gehen wir kurz rechts, dann gleich wieder nach links. Wir durchqueren Stöffling auf einem abschüssigen Weg. Am Ortsrand haben wir eine gute Aussicht auf die Seebrucker Kirche und den Abfluss des Chiemsees, die Alz. Nach ca. 700 m treffen wir auf den Skulpturenweg von Heinrich Kirchner. Geradeaus geht's nach **Seebruck** und wir treffen am Minigolfplatz auf die Hauptstraße, die wir überqueren. An der Uferpromenade spazieren wir, die Aussicht genießend, nach links in Richtung **Arlaching**. Wir treffen an einem zum Chiemseeufer offenen Platz mit ein paar alten Weiden auf ein Hinweisschild zum Café. Es gehört zu den dahinter liegenden Ferienappartements. Hier führt eine Treppe nach oben, die wir als Durchgang benützen können. Wir kommen auf die Seestraße, wenden uns kurz nach rechts und biegen dann nach links ab. Die vor uns liegende, stark befahrene Hauptstraße wird überquert. Jetzt befinden wir uns bereits auf der Straße, die uns nach **Ising** hinauf bringt.

Ising am Nordufer.

Rund um den Chiemsee | 19.Ising – Castrum

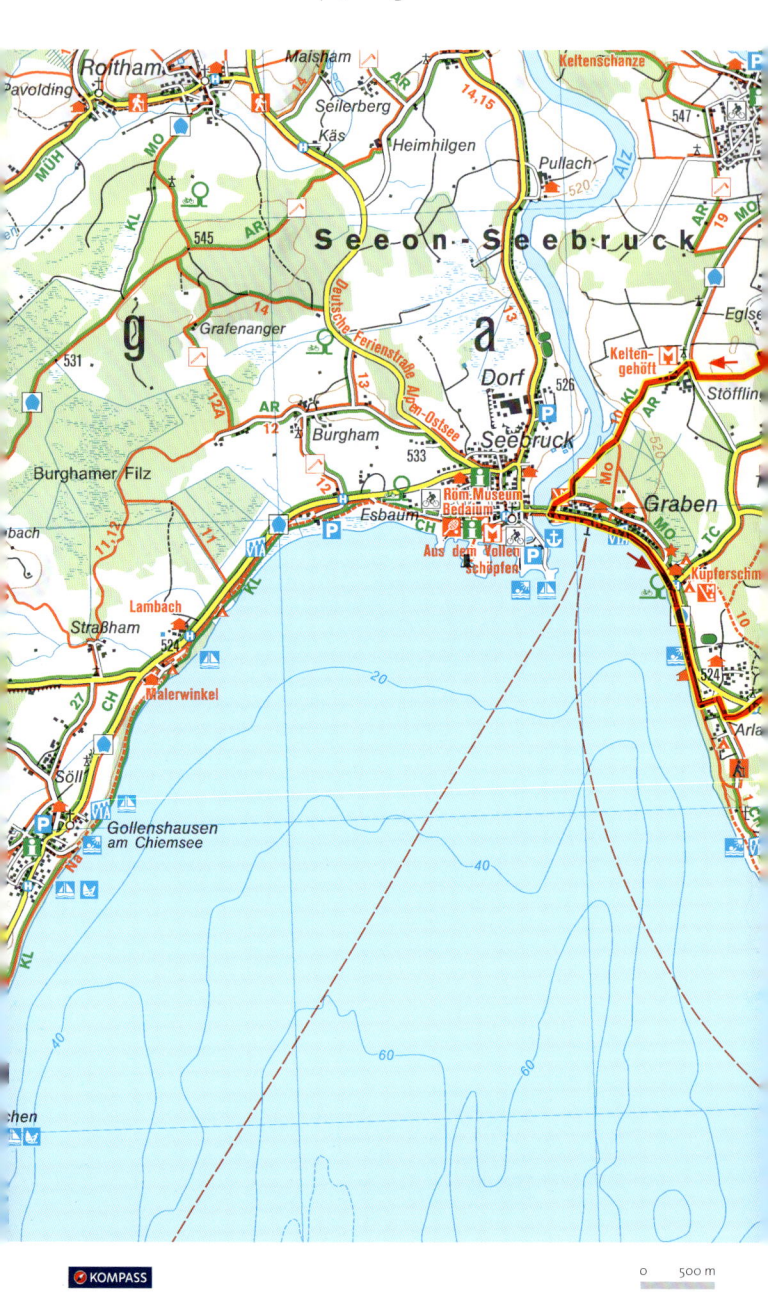

89

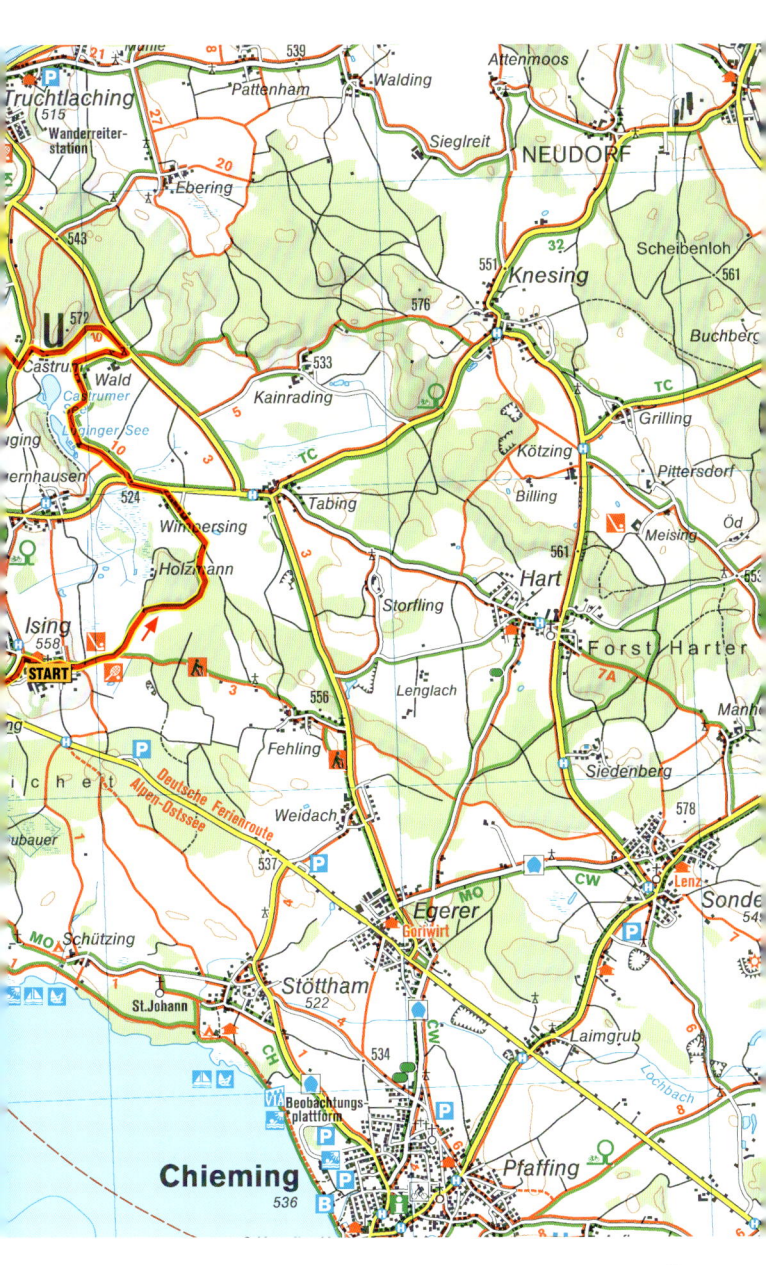

20. Alz-Runde

Ein Lehrbuch der Beschaulichkeit

Ausgangspunkt: Truchtlaching, 515 m; Parkplatz an der Alzbrücke beim Infostand | **Charakter:** Abwechslungsreiche Wanderung auf Feldwegen, Schotterstraßen und wenig Teerstraßen **Einkehr:** Truchtlaching: Gasthaus Neuwirt (Terrasse direkt an der Alz), Gasthof Schaller zur Post, Café Högl; die Hölltalmühle im Hölltal, Gasthof Roiter | **Karte:** KOMPASS Nr. 10, 159

Leicht   14 km   57 hm / 57 hm   4:25 Std.

Vom Parkplatz in **Truchtlaching** überqueren wir die Straße und wandern die Wehrländer Straße entlang, dem Wegweiser Poing folgend. Kurz vor den letzten Häusern wenden wir uns nach links und steigen in einer Serpentine eine kleine Anhöhe in Richtung Poing hinauf.

Der Weg führt nun am Waldrand entlang immer mit Blick auf die Alz und die Alzauen. Wir treffen bald auf den Feldweg, der von Ried herunter kommt, und gehen weiter etwas oberhalb der Alz. Sie teilt sich hier und umfließt eine langgestreckte Insel. Wir wandern hinauf bis zur Abzweigung nach **Hölltal**. Der Weg dorthin folgt dem Lauf der Alz. Wir kommen an der Hölltalmühle vorbei und gehen weiter an einer Straßenverzweigung geradeaus an dem Hof Brandl vorbei und folgen in einiger Entfernung zur Alz ihrem Bogen.

Der Feldstraße, auf die wir treffen, folgen wir nach rechts. Nach kurzer Strecke erreichen wir den **Gasthof Roiter**, wo man unter Obstbäumen eine Rast einlegen kann.

🛈 KOMPASS INFO

Die Ritter von Truchtlaching
Im späten Mittelalter, der Ort gehörte zum bayerischen Herzogtum, herrschten hier die edlen Lehensritter von Truchtlaching. Sie waren zu finden als Beamte des Erzbischofs von Salzburg und des Pfalzgrafen von Craiburg, als Hofmeister in Krems, Landrichter in Passau, Pfleger in Reichenhall, Trostberg und Traunstein und sogar ein Burggraf von Salzburg war darunter. 1347 überließ Kaiser Ludwig den Truchtlachinger Rittern die Zollerhebung an der Alzbrücke.

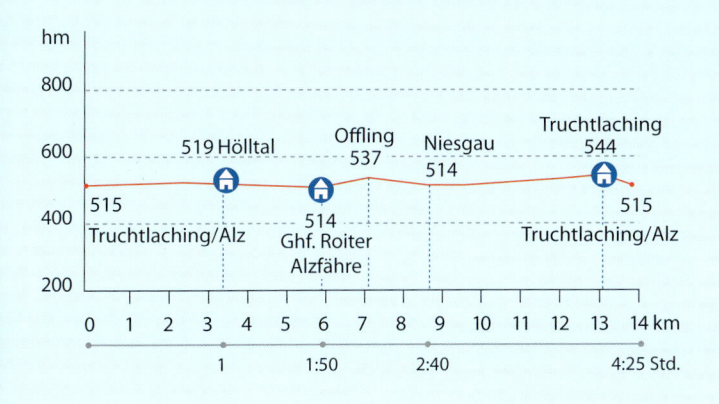

```
hm
800
600         519 Hölltal      Offling    Niesgau    Truchtlaching
                              537        514          544
400   515                     514                           515
      Truchtlaching/Alz    Ghf. Roiter              Truchtlaching/Alz
                           Alzfähre
200
       0   1   2   3   4   5   6   7   8   9  10  11  12  13  14 km
                       1        1:50         2:40              4:25 Std.
```

Die Familie betreibt auch die **Alzfähre**. Mit diesem traditionellen Holzkahn lassen wir uns gegen ein Trinkgeld übersetzen und wenden uns am anderen Ufer nach rechts.

Durch **Offling** wandern wir an der lebhaften Straße entlang und biegen dann Richtung Niesgau wieder hinunter ins Alztal ab. Die vor uns liegende Wanderstrecke ist von hier aus schön zu überblicken. Wir marschieren gemütlich auf einer Schotterterrasse – in die sich die Alz eingegraben hat – dahin. An **Niesgau** gehen wir rechts vor-

Die markanten gelben Gebäude des „Alzschlosses" bei Poing.

Rund um den Chiemsee | 20. Alz-Runde

Die ruhig dahin fließende Obere Alz. Ein ideales Revier für Paddler (Bild unten).

bei und folgen auf unserem Weg dem Lauf der Alz, halten uns bei der ersten Abzweigung rechts, bei der nächsten links und bei jeder weiteren rechts. So erreichen wir die Wiese an der Spitze der Landzunge und wandern weiter auf dem Weg am Waldrand und schließlich wieder in den Wald hinein. Gegenüber den gelben Gebäuden des „Alzschlosses" von Poing kommen wir auf den Betonplattenweg, der von Niesgau herkommt.

Auf ihm erreichen wir die Staatsstraße 2095, folgen ihr ein paar Meter nach rechts, bis wir sie am Wegweiser nach Ebering überqueren.

Auf einem Waldweg geht's bergauf bis zu einer weiteren Teerstraße. Hier wenden wir uns nach rechts und erreichen bald **Truchtlaching**.

KOMPASS INFO

Die **Alz** ist der Abfluss des Chiemsees. Bei Seebruck verlässt sie ihn und mündet nach 63 km nordöstlich von Marktl (Landkreis Altötting) in den Inn. Den Abschnitt vom Chiemsee bis Altenmarkt nennt man die Obere Alz, danach spricht man von der Unteren Alz.
Touristische Bedeutung hat die Obere Alz durch ihren relativ ruhigen Verlauf und durch ihr relativ warmes Wasser. Zwischen Juli und Dezember ist es möglich, den Fluss von Seebruck bis oberhalb des Alz-Wasserfalls bei Altenmarkt zu befahren.

Spannende Überfahrt mit der Alzfähre.

Rund um den Chiemsee | 20. Alz-Runde

95

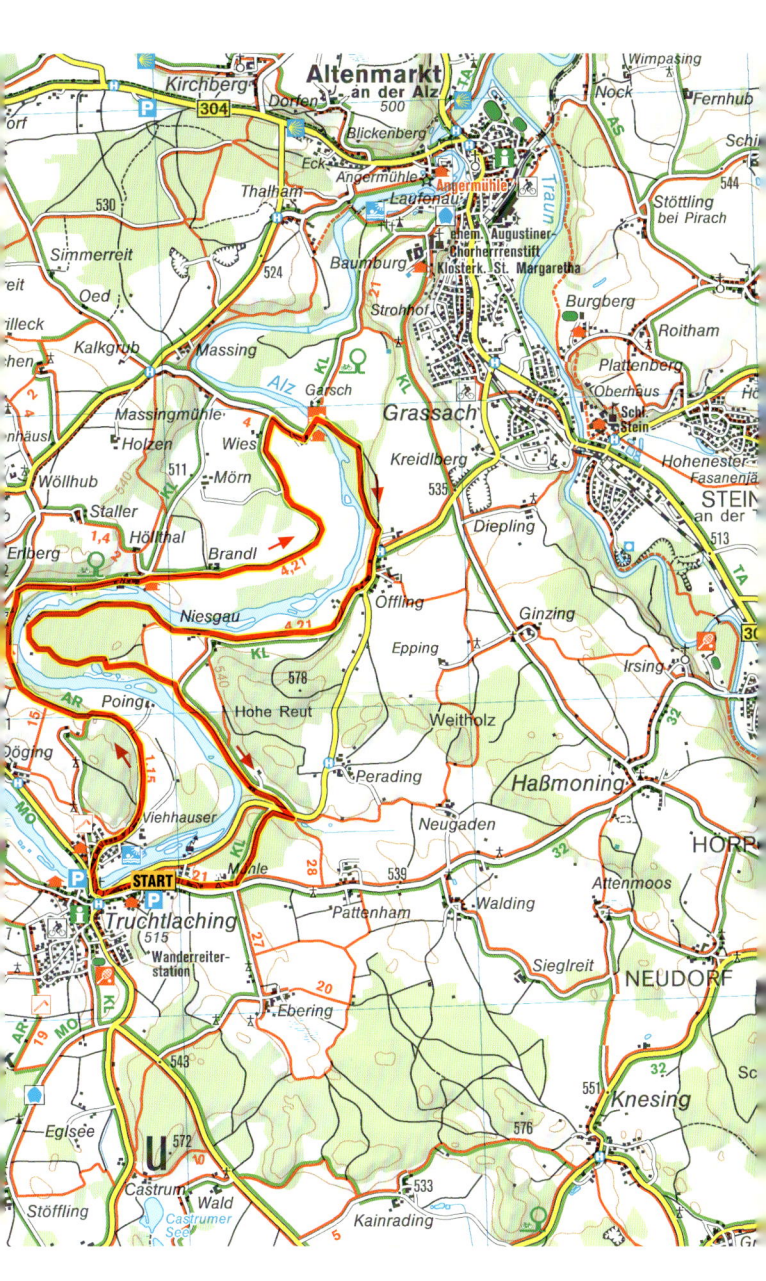

Index

	Seite
Äbtissin Irmengard	12
Alz	93
Alzfähre	90
Augustiner-Chorherren	12
Bajuwaren	21
Bedaium	16, 20
Bernau	10, 52
Breitbrunn	30
Castrum, -er See	86
Chieming	11, 82
Chiemsee-Schifffahrt	12
CIRT	12
Egerndacher Filz	66
Eggstätt	26
Eggstätter-Hemhofer Seenplatte	8
Eiszerfalllandschaft	22
Ewigkeitsweg	63
Exter-Kunsthaus	13
Feldwies	79
Filz	9
Fluchtburg	20
Fraueninsel	12, 39
Ganszipfel	13, 38
Gollenshausen	30
Grabenstätt	70, 74
Griessee	22
Gstadt	30, 38
Gut Ising	86
Herrenchiemsee/Herreninsel	12, 34
Hirschauer Bucht	74
Hochmoor	9
Hölltal	90
Holzhausen	70
Inselmünster	12, 39
Ischl	16, 21
Ising	82, 86
Itakerhof	40
Kelten / Keltenschanze	20
Kendlmühlfilz	62
Klaushäusl	56
Kloster Seeon	13
Kultplatz	58
Lachsgang	10, 78, 79
Lienzing	30
Moorlehrpfad	56
Moor- und Torfmuseum	58
Moräne	8
Niedermoor	9
Os/Oser	8, 26
Osterbuchberg	66
Ottos Ruh	34
Pauls Ruh	34
Poing	90
Prien	10, 34, 39, 46
Prienavera	13
Rabender Schotterfeld	22
Ratzinger Höhe	40, 42
Rimsting	40, 43
Ringwallanlage	34
Ritter von Truchtlaching	90
Römer /-Esse	16
Rottau	52, 58, 62
Schafwaschen	38
Schloss Hartmannsberg	26
Schloss Wildenwart	46
Schnapsbrennerei	43
Seebruck	10, 16, 20, 87
Seeon	16, 22
Seethal	78
Staudach	67
St. Peter und Paul	62
Steinlehrpfad	39
Steinrab, Keltengrab	17, 21
Stephanskirchen	26
Stock	10, 34, 39
Stöffling	20
Stöttham	83
Streuwiesen	58
Torfbahnhof	58, 62
Truchtlaching	21, 90
Tüttensee	12, 74
Übersee	10
Urpriental	40, 43
Urschalling	48
Via Julia Augusta	16
Villa Usinga	86
Weingarten	30
Westerbuchberg	63
Wildenwart, Schloss	46, 48